ASSOCIATION FRANÇAISE

POUR

L'AVANCEMENT DES SCIENCES

CONGRÈS DE PARIS

Août 1900

L'ENSEIGNEMENT SUPÉRIEUR A PARIS

PARIS

SECRÉTARIAT DE L'ASSOCIATION

HOTEL DES SOCIÉTÉS SAVANTES

28, RUE SERPENTE, 28

ASSOCIATION FRANÇAISE

POUR

L'AVANCEMENT DES SCIENCES

———

CONGRÈS DE PARIS

Août 1900

ASSOCIATION FRANÇAISE

POUR

L'AVANCEMENT DES SCIENCES

CONGRÈS DE PARIS

Août 1900

L'ENSEIGNEMENT SUPÉRIEUR A PARIS

PARIS

SECRÉTARIAT DE L'ASSOCIATION

HOTEL DES SOCIÉTÉS SAVANTES

28, RUE SERPENTE, 28

AUX MEMBRES

DU CONGRÈS DE PARIS

Le volume que l'Association offre aux membres du congrès de Paris est un simple guide, une sorte de répertoire des établissements d'enseignement supérieur de la capitale de la France.

Pour retracer l'histoire complète de ce que l'on pourrait appeler le Paris savant, il eût fallu prendre l'histoire même de Paris et la suivre pas à pas depuis cinq ou six siècles.

L'histoire de la vieille Sorbonne, de la Faculté de médecine, des diverses Écoles, est liée d'une façon étroite aux événements historiques et politiques de notre pays. Il en est de même d'autres institutions, et si pour quelques-unes la date de la fondation ne remonte pas à l'autre siècle, la plupart ont un passé respectable et fort ancien.

Ce travail d'historique, fort intéressant, nous en convenons, eût demandé plusieurs volumes et le concours d'un très grand nombre de collaborateurs; il eût demandé surtout un crédit important que les finances de

l'Association, aux termes mêmes des statuts, ne permet-
taient pas d'ouvrir.

La commission a dû se borner à un travail plus
modeste, qui, tel qu'il est, présentera cependant, croyons-
nous, un certain intérêt. Si les documents historiques
ont été condensés en quelques pages, le lecteur trouvera
cependant les grandes lignes de la fondation, de la
marche de telle ou telle école; il y trouvera les renseignements sur le nombre et la nomenclature des cours.

Peut-être s'étonnera-t-on de trouver, à côté des écoles
proprement dites, les musées, les bibliothèques, etc. Ce
ne sont point, il est vrai, des établissements d'enseignement au sens strict du mot; mais ce sont des annexes des
écoles. Les musées du Louvre, du Luxembourg ne sont-ils
pas un enseignement par les yeux, qui complète les cours
de l'École des beaux-arts (comparaisons d'écoles, de tableaux de maîtres aux diverses périodes de leur vie).

Les musées du Trocadéro, le musée Guimet ne four-
nissent-ils pas les éléments les plus précis d'études de
races, de géographie, d'ethnographie, etc.

Les bibliothèques sont l'atelier des travailleurs, et sans
entrer dans de longs détails sur les outils précieux de
travail dont sont bourrés les rayons de nos bibliothèques
Nationale, Mazarine, Sainte-Geneviève, de l'Arsenal,
nous avons jugé utile de les citer dans cet ensemble.

L'Institut de France auquel nous avons consacré une
courte notice n'est pas, lui non plus, un établissement
d'enseignement supérieur; mais c'est aux séances des
diverses académies que se donne la primeur des grandes
découvertes; mais c'est la réunion de l'élite des savants français, des maîtres de la science et de la pensée;
à ce titre l'Institut devait avoir sa place en tête de cet
opuscule.

Ce travail, hâtivement conçu et encore plus hâtivement exécuté, présentera certainement des lacunes : que
le lecteur veuille bien les signaler à notre attention,
qu'il veuille être indulgent et les excuser en devenant
notre collaborateur pour une autre édition, si le besoin
s'en faisait sentir.

Paris, 31 juillet 1900.

INSTITUT DE FRANCE

L'Institut de France est composé de cinq académies, qui prennent ainsi rang d'après l'ordre de leur fondation : Académie française, Académie des inscriptions et belles-lettres, Académie des sciences, Académie des beaux-arts, Académie des sciences morales et politiques.

L'Académie de médecine ne fait pas partie de l'Institut de France.

Nous exposerons successivement l'organisation et l'historique de chaque académie. Mais voici d'abord les généralités concernant : 1° l'historique de l'Institut; 2° son fonctionnement actuel; 3° palais de l'Institut; 4° le château de Chantilly, propriété de l'Institut.

Historique.

En réalité, l'origine de l'Institut remonte au XVIIe siècle, puisque les académies se rattachent par de nombreux liens aux anciennes académies fondées dans ce siècle sous le patronage de Richelieu, de Ségur et de Colbert (v. plus loin). Mais l'Institut, sous sa forme actuelle, ne date que de la Révolution. Il a été fondé par l'art. 298 de la Constitution du 5 fructidor an III (22 août 1795), avec la mission de « recueillir les découvertes, de perfectionner les arts et les sciences par des recherches non interrompues, par la publication des découvertes, par la correspondance avec les sociétés savantes et étrangères... » Il

1

est donc l'œuvre de cette même Convention qui avait défini les académies de l'ancien régime. L'Institut national fut agrandi par deux lois : la loi du 3 brumaire an IV (25 octobre 1795) et celle du 15 germinal an IV (4 avril 1796). Rétabli par l'article 88 de la Constitution du 22 frimaire an VIII (13 décembre 1796), il a été réorganisé par l'arrêté consulaire du 3 pluviôse an XI (23 janvier 1803). Une nouvelle organisation lui a été donnée par l'ordonnance royale du 21 mars 1816, complétée par celle du 26 octobre 1832.

Dans l'organisation primitive, l'Institut était divisé en classes, et les classes étaient subdivisées en sections. La loi du 3 brumaire an IV avait établi 3 classes : Sciences physiques et mathématiques, sciences morales et politiques, littérature et beaux-arts. « Ce sera en quelque sorte, avait dit Daunou dans son rapport à la Convention, l'abrégé du monde savant, le corps représentatif de la république des lettres... un temple national, dont les portes, toujours fermées à l'intrigue, ne s'ouvriront qu'au bruit d'une juste renommée. » Le nombre des membres résidents de l'Institut était fixé à 144, plus 24 associés étrangers ; 48 membres chargés d'élire les 96 autres furent désignés par le Directeur le 28 novembre 1795. Une loi du 29 messidor an IV (17 juillet 1796) accorda aux membres de l'Institut une indemnité annuelle de 1 500 francs, et un arrêté du 29 floréal an IV (13 mai 1801) fixa leur costume officiel. L'arrêté consulaire du 3 pluviôse an XI organisait sur le rapport de Chaptal, quatre classes : sciences physiques et mathématiques, langue et littérature françaises, histoire et littérature ancienne, beaux-arts ; les secrétaires perpétuels de l'ancien régime étaient rétablis. Les élections se font désormais, non plus par l'Institut tout entier, mais par classe. La classe des sciences morales et politiques était supprimée ; il était interdit de la sorte à l'Institut de « s'occuper de ces sciences, si ce n'est dans leur rapport avec l'histoire, surtout avec l'histoire très ancienne ». D'ailleurs, sous l'Empire, l'Institut fut tenu dans une dépendance étroite du gouvernement ; en 1816, la Restauration put en expulser à sa guise un grand nombre d'hommes éminents : Monge, Carnot, Lakanal, David, etc.

L'ordonnance royale du 21 mars 1816, voulant rattacher l'Institut aux anciennes académies, a institué aux classes les anciens noms d'Académie française, Académie des inscriptions et belles-lettres, Académie des sciences, Académie des Beaux-arts; elle a institué des académiciens libres. Le 26 octobre 1832, sur la proposition de Guizot, fut instituée l'Académie des sciences morales et politiques; qui rétablissait la classe supprimée par Bonaparte.

Organisation actuelle.

Chaque académie a son régime indépendant et la libre disposition des fonds qui lui sont spécialement affectés. Toutefois, l'agence, le secrétariat, la bibliothèque et les autres collections de l'Institut sont communes aux cinq académies. Les propriétés communes et les fonds y affectés sont régis et administrés, sous l'autorité du ministre de l'Instruction publique, par une commission de dix membres, dont deux pris dans chaque académie. Ces commissaires sont élus pour un an, et rééligibles. Outre cette commission administrative centrale, l'Institut a à sa tête un bureau formé d'un président (pris chaque année dans une académie différente, selon un ordre établi), de quatre vice-présidents (pris chacun dans une des quatre académies ne fournissant pas le président) et de deux secrétaires.

L'Institut possède le domaine de Chantilly, dont lui a fait don le duc d'Aumale. Certaines donations (prix Volney, Bordin, Jean Reynaud, J.-J. Berger) ont été faites de même, non pas à une académie particulière, mais au corps des cinq académies.

Les cinq académies tiennent une séance publique commune, le 25 octobre.

L'Institut, dans la réception des grands corps de l'État, marche après la Cour de cassation, le Conseil d'État, la Cour des comptes, le Conseil supérieur de l'Instruction publique. Tous les membres ordinaires de l'Institut ont le droit de porter un costume officiel, ils reçoivent une indemnité de 1 500 francs, mais, sur ces 1 500 francs, il est distrait une somme de 300 francs « pour former les fonds du droit de présence accordé à chacun des membres qui assisteront aux séances... le droit de présence perdu par les membres absents accroît celui des membres présents ». L'Institut envoie au Conseil supérieur de l'Instruction publique « cinq de ses membres élus en assemblée générale, et choisis dans chacune des cinq classes ». Il possède le droit de présentation à un grand nombre de places (cours du collège de France, du Muséum d'histoire naturelle, de l'École des langues orientales, de l'École des Chartes, etc.).

Le budget de l'Institut ressortit au compte du ministère de l'Instruction publique (exercice 1900), pour une somme de 687 000 francs, dont 496 300 pour le personnel et 190 700 pour le matériel.

La Bibliothèque de l'Institut est ouverte au public muni d'autorisation.

Le Palais de l'Institut.

Le 27 ventôse an V (17 mars 1797), le Directoire attribua à l'Institut l'ancienne bibliothèque de la ville de Paris. Le 20 mars 1806, ce corps fut transféré dans l'édifice des Quatre-Nations, alors désigné sous le nom de « palais des Beaux-Arts », l'ancien collège Mazarin. Un décret du 1er mai 1815 le fixa définitivement dans cet édifice, qui fut appelé « palais de l'Institut impérial ».

L'édifice, dont la construction fut ordonnée par Mazarin, fut achevé en 1674 (Levan avait dressé les plans, d'Orbay et Lambert conduisirent les travaux); il se composait d'un collège, d'une église et d'une bibliothèque (Voir *Bibliothèque Mazarine*). Le collège des Quatre-Nations (où étaient entretenus gratuitement soixante enfants de gentilshommes ou de principaux bourgeois des pays nouvellement conquis ou réunis à la France) devint, sous le Directoire, le Collège de l'Unité, lequel fut supprimé le 8 mars 1793 par la Convention, et remplacé par une maison d'arrêt; le Comité central de Salut public y tint ses séances. La loi du 29 frimaire an II, qui réorganisa l'enseignement, ayant décidé l'organisation d'Écoles centrales supérieures, l'École centrale des Quatre-Nations fut installée dans l'ancien collège de Mazarin; elle céda la place, le 11 octobre 1801, à une École des Beaux-Arts. Un décret du Premier Consul (10 vendémiaire an XIII) installa dans ces bâtiments l'Institut. L'inauguration de la salle des séances publiques eut lieu le 4 octobre 1806.

Caractérisés par une profusion de bustes, les locaux de l'Institut sont spacieux. C'est la salle des Pas-Perdus (statue de Chateaubriand en marbre, grandeur naturelle), la salle des Séances, qui sert pour les Académies des Sciences, des Inscritions et Belles-Lettres, des Beaux-Arts (statues de Racine, Molière, La Fontaine, Poussin, Corneille, Puget); salle de l'Académie française, qui sert aussi pour les séances de l'Académie des sciences morales et politiques (un Richelieu, peint par Stupfler); la Bibliothèque (table du Conseil de Louis XVI; le Voltaire de Pigalle, statue en marbre); les cabinets, très simples, des secrétaires perpétuels, la salle de la Coupole, où se tiennent les séances publiques. Cette dernière est précédée d'un grand vestibule, peuplé de statues : Montaigne, Mathieu-Molé, Montesquieu, d'Alembert, Rollin, Montausier, Poussin, Pascal, Corneille, Molière, La Fontaine, Racine, Napoléon Ier. La coupole actuelle recouvre l'ancienne chapelle, qui a été complètement modifiée, lors de l'installation de l'Institut, par l'architecte Vaudoyer; celui-ci remplit les coins avec des amphithéâtres, et coupa la coupole par le milieu pour en diminuer la hauteur trop grande. Le plafond qu'on voit aujourd'hui est une coupole à mi-hauteur, percée de huit lunettes, qui sont placées en face des huit fenêtres extérieures du dôme. La décoration est très simple; quatre statues ornent quatre angles : Fénelon, Sully, Descartes et Bonnet; au-dessus

de chaque statue s'ouvre une loge, attribuée les jours de réception : celle de Sully au président de la République, celle de
Descartes au secrétaire perpétuel, celle de Fénelon au ministre
de l'Instruction publique, celle de Bonnet à la famille du défunt.
Sous la coupole, entre chaque fenêtre, sont peintes huit muses
en camaïeu. Au-dessus du bureau, on lit l'inscription : *Aux
Sciences, aux Lettres, aux Beaux-Arts.*

LE CHÂTEAU DE CHANTILLY

Le domaine de Chantilly, le Versailles des princes de Condé,
a été donné en 1886 à l'Institut par le duc d'Aumale. Il a été
continuellement embelli depuis le xiiie siècle jusqu'à la Révolution. C'est, en effet, au xiiie, ou même au xiie, que fut élevé
le premier château qui devait être reconstruit au xive. Le connétable Anne de Montmorency (xvie siècle) fit bâtir par Jean
Bullant le château actuel à côté de l'ancien. Au xviie le grand
Condé fit dessiner les jardins par Le Nôtre, et consacra de
grosses sommes à l'aménagement d'eaux jaillissantes ; son
fils construisit l'église et le parc de Sylvie, les écuries sont
dues à Louis-Henri de Bourbon. A la Révolution, le vieux
château fut démoli ; il n'en reste que la base des tours, au
nord du château actuel. Le duc d'Aumale, héritier du dernier
des Condé (1830), entreprit, dès 1840, de rétablir l'ancienne
splendeur de Chantilly ; cette œuvre, interrompue par le second
Empire, a été reprise, après qu'un décret (1872) de l'Assemblée
nationale eut rendu le domaine à son propriétaire ; la restauration a été faite sur les plans de M. Daumet.

Le château, dénommé *Musée Condé,* est ouvert au public le
dimanche et le jeudi de chaque semaine, pendant dix mois de
l'année ; les parcs et parterres sont ouverts toute l'année. Les
membres de l'Institut peuvent visiter le Musée tous les jours
de la semaine avec leurs familles. Les étudiants, hommes de
lettres et artistes peuvent être autorisés à faire des études

dans les collections du Musée ; aucun objet faisant partie des collections ne peut, conformément aux volontés du fondateur, être prêté au dehors. Ces collections consistent en tapisseries des Gobelins, peintures (Raphaël, Delacroix, A. Poussin, Ingres, etc.), émaux antiques, manuscrits précieux, anciens vitraux, bibliothèque.

ACADÉMIE FRANÇAISE

L'Académie française est composée de 40 membres, dont 1 secrétaire perpétuel. Son bureau est formé d'un directeur, d'un chancelier et du secrétaire perpétuel (M. Gaston Boissier).

Les lettres patentes qui constituent la réunion de quelques bourgeois de Paris (dont les séances se tiennent chez l'un d'eux, Valentin Conrart, secrétaire du roi), en « Académie française », furent délivrées le 29 janvier 1635 ; et les statuts, de 50 articles, autorisés par le cardinal de Richelieu, en sa qualité de protecteur, le 22 février de la même année. Les lettres patentes, rédigées par Conrart, donnaient à l'Académie pour principal objet le perfectionnement de la langue française, et les statuts précisaient les moyens qu'elle y emploierait, dont la composition d'un dictionnaire, d'une grammaire, d'une rhétorique et d'une poétique (art. 24, 25, 26). Le nombre des académiciens était déjà fixé à 40.

A la mort de Richelieu, l'Académie choisit comme protecteur le chancelier Séguier (9 décembre 1642). En 1667, elle fut admise en corps à haranguer le roi dans les occasions solennelles, ce qui la plaçait au rang des cours souveraines. En 1671, le prix d'éloquence fondé par Balzac fut décerné pour la première fois ; la même année, les séances de réceptions furent rendues publiques. Avec le protectorat de Louis XIV (1672), l'Académie achève de devenir un corps de l'État ; elle est logée au Louvre ; elle reçoit des jetons de présence. Au XVIIIe siècle, son histoire se confond avec celle de la littérature

française. Sous la Révolution l'Académie est désertée; le
5 août 1793, elle tient sa dernière séance; Morellet, directeur,
emporte chez lui l'acte authentique de la fondation, et les
registres de la Compagnie. Le 24 juillet 1794, la confiscation
des biens de l'Académie est prononcée.

La classe de littérature et beaux-arts de l'Institut national
fondée par la loi du 3 brumaire an IV (25 octobre 1795), était
divisée en sections où l'on avait entassé, avec la grammaire
et la poésie, les débris de l'Académie des beaux-arts et de
l'Académie des inscriptions; elle ne ressemblait en rien à
l'ancienne Académie française : « Ce n'en était pas même
l'ombre (Brunetière). » L'arrêté consulaire du 3 pluviôse
an IX (23 janvier 1803) créait une seconde classe, qui, pour
le nombre de ses membres, arrêté comme jadis à 40, par
son nom de « Classe de littérature et de langue française »,
enfin par sa séparation d'avec la Classe des beaux-arts, repre-
nait quelques airs de l'ancienne Académie. Mais on peut dire
que celle-ci ne reparut véritablement que lorsque l'ordonnance
du 20 mars 1816, l'autorisant à reprendre ses anciens règlements, lui rendit ses droits et son nom. Au XIXᵉ siècle,
l'Académie française a repris pleinement toute son influence.

L'Académie française tient ses séances ordinaires le jeudi,
de 3 à 4 heures, et sa séance publique au mois de décembre.

Elle est particulièrement chargée de la composition du *Dictionnaire historique de la langue française*. Il ne faut pas com-
fondre le *Dictionnaire historique* et le *Dictionnaire de l'usage*.
La première édition du *Dictionnaire de l'usage* (« la loi et les
prophètes, dit M. Brunetière, pour les grammairiens et pour les
correcteurs d'imprimerie »)a paru en 1694. Trois éditions se suc-
cédèrent dans le courant du XVIIIᵉ siècle : celle de 1718, celle de
1740 et celle de 1762. La cinquième, qui parut en 1798, avec
son appendice des mots « que la Révolution et la République
avaient ajoutés à la langue », doit être considérée comme appartenant, malgré la date, au XIXᵉ siècle. Enfin la sixième édition publiée en 1835, et la septième en 1878, ont achevé de
faire entrer dans la langue littéraire un grand nombre de

mots répondant à des idées ou des choses nouvelles. Quant au *Dictionnaire historique* dont Voltaire fit décider le projet, deux volumes seulement en ont paru qui ne terminent pas encore la lettre A.

Après le *Dictionnaire*, l'une des principales occupations de l'Académie est le jugement de ses nombreux concours et la distribution de ses prix. Elle n'en a pas actuellement moins de 23 à décerner chaque année, dont 17 sont des prix littéraires et 6 des prix dits « de vertu ». Le prix d'éloquence fondé par Balzac, et le prix de poésie, dont les fonds sont accordés par le budget, sont les seuls qui soient mis au concours à proprement parler, c'est-à-dire les seuls dont le sujet soit donné par l'Académie. On les décerne de deux ans l'un alternativement. A ces prix qu'elle décerne seule, il faut ajouter, pour nous borner : le prix Volney, dont le jugement est remis à une commission formée de 3 membres de l'Académie française, 3 de l'Académie des inscriptions, 1 de l'Académie des sciences; le prix de Jean Reynaud, de fondation récente, alternativement décerné par chacune des Académies; le prix dit « prix biennal », décerné, comme le précédent, par chacune des cinq académies tour à tour, mais avec la sanction de l'Institut réuni en assemblée générale.

ACADÉMIE DES INSCRIPTIONS ET BELLES-LETTRES

L'Académie des Inscriptions et Belles-lettres comprend 40 membres titulaires, dont 1 secrétaire perpétuel, 10 membres libres, 8 associés étrangers, 50 correspondants dont 30 étrangers et 20 Français.

Les langues savantes, les antiquités et les monuments, l'histoire et toutes les sciences sociales et politiques dans leur rapport avec l'histoire, sont les objets de ses recherches et de ses travaux; elle s'attache particulièrement à enrichir la littérature française des ouvrages des auteurs grecs, latins et orientaux qui n'ont pas encore été traduits. Elle s'occupe de la continuation des recueils diplomatiques.

Cette Académie tient ses séances ordinaires le vendredi, à 3 heures; sa séance publique a lieu au mois de novembre.

Elle est dirigée par un bureau, composé d'un président et d'un vice-président annuels, et d'un secrétaire perpétuel (M. H. Wallon). Elle nomme dans son sein 10 commissions, qui sont : la Commission des inscriptions et médailles (instituée par décret du 25 juin 1806, confirmée par l'ordonnance royale du 16 mai 1830); la Commission pour la continuation de l'histoire littéraire de la France (confirmée par l'ordonnance royale du 9 juillet 1916); la Commission chargée de rédiger le *corpus inscriptionum semiticorum*, instituée par délibération de l'Académie du 17 avril 1867 ; la Commission des travaux littéraires, chargée de surveiller la continuation des notices, des manuscrits, du *Recueil des Historiens des Gaules et de la France*, la publication des *Historiens des Croisades*, et autres travaux confiés à l'Académie (confirmée par l'ordonnance royale du 16 mai 1830); la Commission des antiquités de la France (arrêté de l'Académie du 15 février 1833); la Commission des écoles françaises d'Athènes et de Rome, chargée de dresser le programme des travaux des membres de ces écoles, d'en faire un rapport au ministre, et d'en rendre compte à la séance publique de l'Académie (arrêté ministériel du 26 janvier 1850, et divers actes jusqu'à la lettre ministérielle du 13 avril 1880); la Commission des études du nord de l'Afrique; la Commission de la fondation Garnier, celle de la fondation Piot; la Commission pour administrer les propriétés et fonds particuliers de l'Académie.

Outre les travaux que nous venons d'énumérer, l'Académie des Inscriptions et Belles-lettres décerne, comme les autres académies, annuellement un certain nombre de prix; c'est toutefois la moins bien rentée des cinq. Les plus importantes récompenses dont elle dispose sont : le prix Gobert, le prix des antiquités nationales, le prix Volney, le prix de linguistique.

Fondée en 1663, appelée quelque temps la *Petite académie*, cette Académie ne fut qu'une réunion de quelques littérateurs, chargés « de travailler aux inscriptions, aux devises, aux médailles », jusqu'au jour où elle obtint son *Règlement* (16 juillet 1701). Celui-ci fut renouvelé par les lettres patentes de 1713; en 1716, enfin, un édit rendit officielle la désignation d'*Académie royale des Inscriptions et Belles-lettres* et compléta l'organisation définitive de la compagnie. En 1717, commença la publication des *Mémoires* (50 volumes). Disparue avec la Révolution, cette Académie ne prit place qu'en 1803, sous le nom de troisième classe, ou classe d'histoire et de littérature ancienne, dans l'Institut de France; un décret de 1806, la chargea de reprendre ses travaux interrompus. Sous la Restauration, la troisième classe redevint une Académie, et les travaux de celle-ci furent définis avec rigueur. Depuis, si la constitution de l'Académie des inscriptions n'a pas varié, son importance et son influence ont grandi de tout ce que gagnèrent dans notre temps l'érudition, la critique et l'histoire.

ACADÉMIE DES SCIENCES

L'Académie des sciences comprend 68 membres titulaires, y compris 2 secrétaires perpétuels, qui ne font partie d'aucune section, 10 membres libres, 8 associés étrangers, 100 correspondants. Elle est divisée en 11 sections, de 6 membres chacune, et qui sont : *Sciences mathématiques* : Géométrie, Mécanique, Astronomie, Géographie et Navigation, Physique générale; *Sciences physiques :* Chimie, Minéralogie, Botanique, Économie rurale, Anatomie et Zoologie, Médecine et Chirurgie.

Cette Académie tient ses séances ordinaires le lundi, à trois heures; sa séance publique a lieu au mois de décembre.

Elle est dirigée par un bureau, composé d'un président et d'un vice-président annuels, et de deux secrétaires perpétuels, dont l'un pour les sciences mathématiques (M. Darboux, qui a succédé tout récemment à M. J. Bertrand), et l'autre pour les sciences physiques (M. Berthelot). Les académiciens libres ne font partie d'aucune section; ils n'ont d'autre indemnité que celle du droit de présence, mais ils jouissent des mêmes droits que les autres académiciens et sont élus dans les formes accoutumées. L'Académie a rédigé un règlement intérieur qui n'a pas été publié. A chaque élection nouvelle, on frappe une medaille qui est remise au nouveau membre.

L'Académie des sciences fut, à l'origine, une réunion de quelques savants, auxquels Colbert permit de se rassembler dans la Bibliothèque du Roi, en 1666; elle se composait, à cette époque, de 21 académiciens qui s'occupaient, par semaine, un jour de mathématiques, un jour de physique. Elle poursuivit longtemps assez obscurément ses travaux. Le 26 janvier 1699, elle obtint son premier règlement en 50 articles; quelques jours après, le 29 avril, elle fut transférée de la Bibliothèque du Roi au Louvre. Mais ce ne fut qu'en 1713, que cet établissement fut confirmé par lettres patentes. Le règlement de 1699, déjà modifié le 3 janvier 1716 à l'égard des élèves supprimés et le 23 mars 1753 à l'occasion des correspondants étrangers, reçut une importante modification le 23 avril 1785 : huit classes furent alors formées. Sous la Révolution, l'Académie fut fréquemment consultée par l'Assemblée nationale et par la Convention. Malgré le décret du 8 août 1793, qui supprimait « toutes les académies et sociétés littéraires, patentées et dotées par la nation », les membres de « la ci-devant Académie des sciences » étaient invités quelques jours après, par décret rendu sur la proposition de Lakanal, à continuer leurs réunions, « pour s'occuper spécialement des objets qui leur ont été et pourraient leur être envoyés par la Convention nationale ». Quelque temps après (22 août 1795) était créé l'Institut national : la première des trois classes comprenait les sciences physiques et mathématiques. Cette classe fut accrue d'une section nouvelle (géographie et navigation) en 1803, et l'ordonnance royale du 21 mars 1816 lui rendit le nom d'Académie et ses membres libres.

ACADÉMIE DES BEAUX-ARTS

L'Académie des beaux-arts comprend 41 membres titulaires, y compris 1 secrétaire perpétuel qui ne fait partie d'aucune section, 10 membres libres, 10 associés étrangers, 50 correspondants. Elle se divise en 5 sections, désignées et composées ainsi qu'il suit: peinture, 14 membres; sculpture, 8 membres; architecture, 8 membres; gravure, 4 membres; composition musicale, 6 membres.

Cette Académie tient ses séances ordinaires le samedi, à 3 heures; sa séance publique a lieu au mois d'octobre.

Elle est dirigée par un bureau composé d'un président et d'un vice-président annuels et d'un secrétaire perpétuel (M. G. Larroumet). Elle choisit dans son sein la Commission du *Dictionnaire de la langue des beaux-arts*, composée d'un membre par section et du secrétaire perpétuel. Outre la rédaction de ce dictionnaire, elle s'occupe de la distribution du revenu de fondations faites en faveur des concurrents au prix de Rome, ou de lauréats, ou encore d'artistes sans fortune. Elle exerce une grande autorité, et à l'École nationale et spéciale des beaux-arts de la rue Bonaparte, et à l'Académie de France de la villa Médicis, à Rome. Enfin, à diverses reprises, les Sections de peinture, de sculpture, de gravure et d'architecture ont formé les jurys des expositions universelles.

L'Académie des beaux-arts est l'héritière de plusieurs académies spéciales créées pendant le règne de Louis XIV, et qui avaient, plus que les autres, le caractère d'un groupement d'hommes exerçant la même *profession* et investis de privilèges exclusifs: les principales étaient celle de peinture et sculpture et celle d'architecture. La première fut fondée par le peintre Le Brun, en 1648. Malgré la protection du chancelier Séguier, elle eut à lutter contre la concurence de l'Académie de Saint-Luc; mais elle triompha, reçut pension, privilège exclusif de tenir école et, sous le protectorat de Mazarin, l'autorisation de s'appeler Académie royale. Restaurée en 1663, installée en 1692 au Louvre, elle fut supprimée le 8 août 1793, sur le rapport de Grégoire inspiré par David. Elle avait fait, à des intervalles inégaux d'abord, régulièrement ensuite, des expositions publiques des œuvres de ses membres : la première de ces expositions s'était ouverte en avril 1667 ; la dernière, en septembre 1791.

L'Académie royale d'architecture vécut plus faiblement. Inaugurée par Colbert le 31 décembre 1671, au Palais-Royal, elle eut à donner des conseils sur les travaux en cours d'exécution à Paris ou à Versailles. En 1692 elle fut installée au Louvre ; gouvernée d'abord par le roi, ce ne fut qu'en 1717 qu'elle obtint des lettres patentes, statuts et règlements qui lui permirent enfin de se recruter elle-même par l'élection ; de nouvelles lettres patentes du 26 janvier 1776 complétèrent son organisation. Le 8 août 1793, un décret de la Convention la supprima. La Convention fit entrer la peinture, la sculpture et l'architecture dans la troisième classe de l'Institut national, la Classe de la littérature et des beaux-arts (25 octobre 1795). Ce ne fut qu'en 1803 que les beaux-arts occupèrent à eux seuls une des quatre classes de l'Institut refondu ; leur classe devint, le 21 mars 1816, une académie, composée de 40 membres ; depuis, seul le nombre de ces membres a été modifié (25 avril 1863).

ACADÉMIE DES SCIENCES MORALES
ET POLITIQUES

L'Académie des sciences morales et politiques comprend 40 membres titulaires, dont 1 secrétaire perpétuel, 10 membres libres, 6 associés étrangers, 48 correspondants. Elle est divisée en 5 sections, savoir : Philosophie, Morale, Législation, Droit public et Jurisprudence, Économie politique, Statistique et finances, Histoire générale et philosophique.

Cette Académie tient ses séances ordinaires le samedi, à midi. Sa séance publique a lieu au mois de décembre.

Elle est dirigée par un bureau composé d'un président et

d'un vice-président annuels, et d'un secrétaire perpétuel (M. Georges Picot). Elle choisit dans son sein la Commission pour la publication des *Ordonnances des Rois de France* (délibération de l'Académie du 8 juin 1883), formée de 6 membres. Ainsi que les autres académies, l'Académie des sciences morales et politiques a reçu un certain nombre de legs, de donations et d'affectations budgétaires qui constituent un revenu assez important. Ces sommes, conformément aux volontés de l'État, des donateurs ou des stipulations testamentaires, sont affectées à des prix qui sont décernés à la suite de concours aux auteurs de mémoires ou d'ouvrages présentés à l'Académie dans des conditions déterminées et jugés par elle dignes d'obtenir une récompense. Ces prix sont au nombre de 27.

Cette Académie n'existait pas avant la Révolution. Cependant, le *Club de l'Entresol*, fondé vers 1720, supprimé en 1831, s'occupa des sciences morales et politiques. Ce fut la Convention qui, dans l'Institut national, son œuvre, affecta à ces sciences la deuxième des trois classes instituées par la loi du 25 octobre 1725. Cette classe était divisée en six Sections, à savoir : Analyse des sensations et des idées, Morale, Sciences sociales et législation, Économie politique, Histoire, Géographie. A la première séance publique de l'Institut national (15 germinal, an IV 4 avril 1796), on fit l'éloge des sciences morales, dont « ce fut la destinée du despotisme de les persécuter et de ne pouvoir les asservir ». Bonaparte (23 janvier 1803) remplaça la classe des sciences morales par une classe d'Histoire et de Littérature ancienne qui ne devait s'occuper de ces sciences que dans leur rapport avec l'Histoire ». La Classe des sciences morales et politiques fut rétablie sous le nom d'Académie par ordonnance royale du 26 octobre 1832 : elle adopta son règlement le 23 février 1833. En 1840, elle fut invitée à former « un tableau général de l'état et du progrès des sciences morales et politiques depuis 1789 jusqu'à la fin de l'année 1832 ». En 1848, elle fut invitée à « concourir à la défense des principes sociaux attaqués par des publications de tous genres ». En 1871, la Commune interrompit ses réunions du 29 avril au 3 juin.

ACADÉMIE DE MÉDECINE

L'Académie de Médecine ne fait pas partie de l'Institut de France.

Elle est installée rue des Saints-Pères, 49; mais on lui bâtit un hôtel rue Bonaparte, à côté de l'École nationale et spéciale des Beaux-Arts.

Elle est instituée spécialement pour répondre aux demandes du gouvernement sur tout ce qui intéresse la santé publique, et principalement sur les épidémies, les épizooties, les différents cas de médecine légale, la propagation de la vaccine, l'examen des remèdes nouveaux, des remèdes secrets, les eaux minérales naturelles ou factices. Elle est, en outre, chargée de continuer les travaux de la Société royale de médecine et de l'Académie royale de chirurgie. On y vaccine gratuitement les mardis, jeudis et samedis à 11 heures.

Budget de l'Académie (ministère de l'Instruction publique, exercice 1900) : 75 600 francs, dont 49 600 pour le personnel.

Historique.

L'Académie de médecine a été créée en 1820, par ordonnance du roi Louis XVIII, pour remplacer l'Académie royale de chirurgie et la Société royale de médecine, supprimées en 1793. Le premier de ces deux derniers corps avait été approuvé par Louis XV le 12 décembre 1731. L'Académie de médecine avait un précédent dans la *Société de Santé* (1796), appelée plus tard *Société de médecine* (1797), société libre, approuvée, mais non subventionnée par l'État. Cette Société fonda le *Journal général de médecine*. En même temps (1796), des médecins plus jeunes se réunissaient en *Société médicale d'ému-*

lation. C'est dans ces deux Sociétés que devait se recruter l'Académie de médecine. Fondée le 20 décembre 1820, divisée alors en trois sections : médecine, chirurgie, pharmacie, elle vit son organisation modifiée par l'ordonnance du 18 octobre 1829 ; enfin, un arrêté ministériel du 8 avril 1835 et un autre du 15 mars 1855, conformes aux conclusions présentées par l'Académie elle-même, la constituèrent dans son état actuel : son règlement fut approuvé par arrêtés du 16 avril 1862 et du 16 mars 1866.

Organisation

Les membres titulaires de l'Académie sont au nombre de 100, répartis en 11 sections, ainsi qu'il suit : Anatomie et Physiologie, 10 membres ; Pathologie médicale, 13 ; Pathologie chirurgicale, 10 ; Thérapeutique et Histoire naturelle médicale, 10 ; Médecine opératoire, 7 ; Anatomie pathologique, 7 ; Accouchements, 7 ; Hygiène publique, Médecine légale et Police médicale, 10 ; Médecine vétérinaire, 6 ; Physique et Chimie médicales, 10 ; Pharmacie, 10. Les associés libres peuvent être au nombre de 10 ; les associés nationaux, au nombre de 20, et les associés étrangers également ; les correspondants nationaux au nombre de 100 et les correspondants étrangers, au nombre de 50. Les correspondants nationaux et étrangers sont répartis en 4 divisions, qui sont : 1° Anatomie et Physiologie, Pathologie médicale, Thérapeutique et Histoire naturelle médicale, Anatomie pathologique, Hygiène publique et Médecine légale ; 2° Pathologie chirurgicale, Médecine opératoire, Accouchements ; 3° Médecine vétérinaire ; 4° Physique et Chimie médicales, Pharmacie. Nul ne peut être élu membre titulaire, s'il n'est docteur en médecine, ou reçu dans une école supérieure de pharmacie ou de médecine vétérinaire.

Les séances ordinaires de l'Académie ont lieu tous les mardis, à trois heures ; la séance publique annuelle a lieu dans la première quinzaine de décembre.

Son bureau est formé d'un président et d'un vice-président

annuels, d'un secrétaire perpétuel, d'un secrétaire annuel, d'un trésorier. Ces membres, avec deux membres titulaires nommés annuellement, et le doyen de la Faculté de médecine de Paris forment le Conseil d'administration de l'Académie. Il y a un directeur du service de la vaccine, pris dans le sein de la compagnie, et nommé par le ministre; il y a un chef des travaux chimiques de l'Académie : il peut être pris hors de la compagnie.

Indépendamment des commissions qui sont nommées à chaque séance pour les travaux éventuels de la compagnie, celle-ci institue des commissions permanentes, renouvelées par tiers chaque année, pour ceux de ses services qu'on peut appeler publics. Ces commissions sont au nombre de 6 : épidémies (6 membres), eaux minérales (7 membres), remèdes secrets (6 membres), vaccine (6 membres), hygiène de l'enfance (6 membres), comité de publications (8 membres). Les publications se composent : 1° du compte rendu des travaux de l'Académie; 2° de l'esquisse historique des progrès de l'art, tant dans ses parties que dans son ensemble; 3° des éloges et notices historiques composés sur les membres de l'Académie décédés; 4° du programme des prix proposés par l'Académie et de l'indication des prix remportés; 5° des mémoires fournis par les membres de l'Académie; 6° des mémoires dus à des savants étrangers. Il est accordé aux auteurs des ouvrages qui n'ont pas été désignés pour être publiés la faculté d'en faire tirer copie.

L'Académie, en outre, propose, tous les ans au moins, un sujet de prix sur des matières susceptibles, autant que faire se peut, d'expériences, d'observations et de recherches positives. Les membres résidants sont seuls exclus du concours; les mémoires couronnés peuvent être publiés avec ceux de l'Académie, quand celle-ci les juge dignes de paraître dans les collections de ses travaux. Les prix résultant de dons particuliers sont décernés suivant les intentions des donateurs; le nombre de ces prix dépasse 50; les plus importants sont les prix Barbier, Henri Buignet, Adrien Buisson, Marie

Chevallier, Gerdy, Huguier, Laborie, Meynot, Orfila, Sain-
tour, etc.

Enfin, l'Académie désigne au scrutin secret, sur la demande
du gouvernement, des commissaires choisis parmi ses membres, pour être envoyés dans tous les lieux où des épidémies.,
des épizooties, l'examen des établissements d'eaux minérales
ou d'utilité publique, etc, peuvent rendre leur présence nécessaire.

LE COLLÈGE DE FRANCE

PLACE DU COLLÈGE DE FRANCE (RUE DES ÉCOLES)
ET RUE SAINT-JACQUES

Administrateur : M. Gaston PARIS,

De l'Institut (Académie française, Académie des Inscriptions et Belles-Lettres), professeur titulaire de la chaire de langue et littérature française du moyen âge.

Enseignement.

Le Collège de France embrasse dans son enseignement le champ entier du savoir humain. Ses chaires, dont les titres sont modifiables à chaque vacance, reçoivent leur importance du nom du savant qui, sans préoccupation d'examens à préparer, y expose le résultat de ses recherches ; aussi conviendra-t-il ici d'indiquer, à côté du titre de la chaire, le nom de son titulaire actuel. L'enseignement est entièrement public. Administré par le conseil de ses professeurs, et plus spécialement par un de ceux-ci, lequel, après s'être appelé « inspecteur », a aujourd'hui le titre d' « administrateur », le Collège de France jouit d'une grande liberté. Il dépend directement du ministère de l'Instruction publique.

Il ressort au budget de ce ministère (exercice 1900), pour un crédit total de 523 000 francs, dont 477 240 affectés aux dépenses du personnel.

Voici le tableau de ses quarante-deux cours :

Mécanique analytique et mécanique céleste ; M. Maurice Lévy, de l'Académie des sciences (M. Hadamard, suppléant); *mathématiques* : M. Jordan, de l'Académie des sciences; *physique générale et mathématique* : M. Marcel Deprez, de l'Académie des sciences, suppléant; *physique générale et expérimentale* : M. Mascart, de l'Académie des sciences (M. Brillouin, remplaçant); *chimie minérale* : M. Le Châtelier; *chimie organique* : M. Berthelot, de l'Académie des sciences; *médecine* : M. d'Arsonval, de l'Académie des sciences; *histoire naturelle des corps inorganiques* : M. Fouqué, de l'Académie des sciences; *histoire naturelle des corps organisés* : M. Marey, de l'Académie des sciences; *embryogénie comparée* : M. Henneguy; *anatomie générale* : M. Ranvier, de l'Académie des sciences.

Psychologie expérimentale et comparée : M. Th. Ribot; *histoire générale des sciences* : M. Pierre Laffitte.

Histoire des législations comparées : M. Jacques Flach; *économie politique* : M. Paul Leroy-Beaulieu, de l'Académie des sciences morales et politiques; *géographie, histoire et statistique économiques* : M. E. Levasseur, de l'Académie des sciences morales et politiques; *géographie historique de la France* : M. Auguste Longnon, de l'Académie des inscriptions et belles-lettres; *histoire des religions* : M. Albert Réville; *philosophie sociale* : M. J. Izoulet; *esthétique et histoire de l'art* : M. E. Guillaume, de l'Académie des beaux-arts (M. G. Lafenestre, de l'Académie des beaux-arts, suppléant).

Épigraphie et antiquités romaines : M. Cagnat, de l'Académie des inscriptions et belles-Lettres; *épigraphie et antiquités grecques* : M. Foucart, de l'Académie des inscriptions et belles-lettres; *épigraphie et antiquités sémitiques* : M. Clermont-Ganneau, de l'Académie des inscriptions et belles-lettres; *philologie et archéologie égyptiennes* : M. Maspéro, de l'Académie des inscriptions et belles-lettres; *philologie et archéologie assyriennes* : M. J. Oppert, de l'Académie des inscriptions et belles-lettres; *langues et littératures hébraïques, chaldaïques et syriaques* : M. Ph. Berger, de l'Académie des inscriptions et belles-lettres; *langue et littérature arabes* : M. Barbier de Meynard, de l'Académie des inscriptions et belles-lettres;

langues et littératures araméennes : M. Rubens Duval ; *langues et littératures chinoises et tartares-mandchoues :* M. Chavannes ; *langue et littérature sanscrite :* M. Sylvain Lévi.

Langue et littérature grecques : M. Maurice Croiset ; *philologie latine :* M. L. Havet, de l'Académie des inscriptions et belles-lettres ; *histoire de la littérature latine :* M. G. Boissier, de l'Académie française et de l'Académie des inscriptions et belles-lettres ; *Philosophie grecque et latine, philosophie moderne, langue et littérature françaises du moyen âge :* M. Gaston Paris, de l'Académie des inscriptions et belles-lettres ; *langue et littérature françaises modernes :* M. Émile Deschanel ; *langues et littératures d'origine germanique :* M. A. Chuquet ; *langues et littératures de l'Europe méridionale :* M. Paul Meyer, de l'Académie des inscriptions et belles-lettres (M. Morel-Fatio, suppléant) ; *langues et littératures celtiques :* M. H. d'Arbois de Jubainville, de l'Académie des inscriptions et belles-lettres ; *langues et littératures d'origine slave :* M. Léger ; *grammaire comparée :* M. Michel Bréal, de l'Académie des inscriptions et belles-lettres.

Neuf de ces chaires sont pourvues de laboratoires.

Historique.

Le Collège de France, jadis *Collège royal*, doit son origine à François Ier ; ce roi, en 1530, créa des « lecteurs royaux » pour le grec et l'hébreu, qui n'étaient pas enseignés dans l'Université. Il y eut à l'origine deux cours pour chacune de ces langues. L'Université se crut lésée, et la Faculté de théologie poursuivit les lecteurs devant le Parlement pour cause d'hérésie ; le roi empêcha la sentence d'avoir effet, et en 1534, pour mieux marquer ses intentions, il créa une chaire d'éloquence latine, qui mécontenta fort la Faculté des arts. Le Collège prit alors le nom de Collège des trois langues. En 1545, le nombre des chaires fut porté à sept. Charles IX y introduisit la chirurgie ; Henri III, l'arabe ; Henri IV, la botanique et l'astronomie ; Louis XIII, le droit canon et la langue syriaque ; Louis XIV la littérature française; bref, en 1789, il y avait 28 lecteurs et professeurs. Déjà le Collège avait son bâtiment. A l'origine, les leçons avaient été données dans différents collèges de l'Université, au gré des professeurs ; sous Henri III, elles se concentrèrent dans les collèges de Tréguier et de Cambrai, sur l'emplacement actuel du Collège de France ; au commencement du règne de Louis XIII (1610), on les installa dans un bâtiment neuf, qui ne fut complété qu'à la fin du règne de Louis XV (1774). La Révolution organisa le *Collège de France*, qui devint, en l'an XII, le *Collège impérial*. Napoléon avait fondé une chaire de turc ; la Restauration lui adjoignit des cours de sanscrit et de chinois ; en 1831 fut fondé le cours d'économie politique. En même temps on agrandissait les bâtiments : sous Louis-Philippe, l'architecte Letarouilly leur rattacha de nouvelles constructions élevées sur la rue Saint-Jacques. Enfin le périmètre du Collège a été agrandi, en 1883, par la construction de divers bâtiments de service, et l'ensemble a été isolé des maisons qui l'entouraient. (V. A. Lefranc, *Histoire du Collège de France*, Paris, 1892.)

MUSÉUM D'HISTOIRE NATURELLE

Directeur : M. EDMOND PERRIER
Membre de l'Institut.

Le Muséum d'histoire naturelle, dont l'organisation actuelle ne date que de la Convention, est d'origine bien plus ancienne : il faut remonter de plus de trois siècles en arrière pour découvrir celui qui, le premier, eut l'idée de créer à Paris un véritable « jardin des plantes ».

C'est en effet au milieu du xvᵉ siècle qu'un médecin, Nicolas Houel, fonda un jardin botanique qui prit le nom de « Jardin des apothicaires », et où il rassembla un nombre, assez restreint d'ailleurs, de plantes médicinales ; plus tard un jardin semblable fut créé dans l'hôpital de la rue de l'Ourcine, mais, comme le premier, il était fort incomplet et ne répondait qu'à des besoins locaux. C'est seulement au XVIIe siècle que deux médecins encore conçurent le projet d'un vaste établissement où ils réuniraient toutes les plantes médicinales connues, dans le but de faciliter les études médicales par l'examen et l'analyse de ces plantes (*Notion historique sur le Muséum par un Professeur de cet établissement.*) Ces médecins étaient Hérouard, premier médecin de Louis XIII, et Guy de la Brosse, son médecin ordinaire. Ils obtinrent du roi, en 1626, des lettres patentes les autorisant à acheter en son nom, faubourg Saint-Victor, une maison et un terrain de 24 arpents pour y fonder un « Jardin royal des herbes médicinales ».

Hérouard, nommé surintendant du jardin nouveau, le dirigea jusqu'à sa mort avec l'aide de Guy de la Brosse. Puis ce fut ce dernier seul qui, à partir de 1635, veilla à l'aménagement du jardin. Celui-ci s'étendit bientôt sur 10 arpents, et contenait en 1641 2360 échantillons de plantes. En même temps Guy de la Brosse installait des salles de cours où les « conseillers médecins » professèrent la botanique, la chimie, l'histoire naturelle et l'astronomie. A la mort de Guy de la Brosse, le jardin périclita quelque peu ; mais Colbert lui redonna une activité nouvelle en en confiant la surintendance à Fagon, neveu de Guy de la Brosse. Sous la direction de ce savant, que secondèrent Tournefort et Antoine de Jussieu, d'importantes améliorations furent réalisées. On construisit deux serres chaudes, un amphithéâtre, et de nombreuses collections furent constituées.

Après Fagon, le Muséum subit une nouvelle période de décadence qui dura jusqu'à ce que Buffon prit, en 1739, la direction de l'établissement. Dès lors celui-ci ne connut plus que la prospérité. Buffon créa un cabinet d'histoire naturelle, deux salles de curiosités, une de squelettes, un laboratoire de chimie, et fit construire le grand amphithéâtre. Dans le même temps il étendait le jardin jusqu'à la rue Saint-Victor et jusqu'à la rue de Buffon, c'est-à-dire à peu près à ses limites actuelles.

A Buffon succéda La Billarderie (1788-1792); puis Bernardin

de Saint-Pierre, auquel on doit la création d'une serre nouvelle et surtout de la ménagerie. C'est lui, en effet, qui demanda et obtint que la ménagerie de Versailles et celle du château du Raincy fussent transférées au Jardin des plantes.

Le transport n'eut lieu qu'en 1794. Mais dès 1793, la Convention, adoptant l'ancien Jardin du roi, lui avait, par décret daté du 10 juin, donné, avec le nom de Muséum d'histoire naturelle, une constitution nouvelle, permettant aux professeurs de se recruter eux-mêmes, sous réserve de l'approbation du ministre. Enfin elle avait fondé de nouvelles chaires : minéralogie, chimie générale, arts céramiques, botanique du Muséum, botanique de campagne, culture, zoologie, anatomie des animaux, anatomie humaine, géologie, iconographie, et formé avec des livres provenant des couvents supprimés une bibliothèque qui fut ouverte au public le 7 septembre 1794.

Depuis cette époque, le Muséum a conservé son caractère de petite république, auquel aucun gouvernement n'a voulu porter atteinte. Seul Lucien Bonaparte, ministre de l'Intérieur de l'Empire, eut quelques velléités de modifier l'organisation de l'établissement en le plaçant plus directement sous le contrôle du ministre; mais ses projets soulevèrent une opposition si vive qu'il dut y renoncer. Au surplus Chaptal, qui succéda à Lucien Bonaparte, épousa la cause des professeurs, et il ne fut plus désormais parlé de modifications.

Déjà fort riche au commencement du xixe siècle, le Muséum a vu depuis ses collections s'accroître dans des proportions presque inespérées. L'École de botanique, qui s'étend aujourd'hui sur une surface de plus de 225 000 mètres carrés, comporte quatre grandes serres chaudes ou froides, un jardin botanique réservé à l'étude, des pépinières, des parterres, une graineterie, un jardin fleuriste. Les galeries du Cabinet d'histoire naturelle (botanique, minéralogie, etc...) ont été terminées. Un nouveau bâtiment a été construit à l'extrémité sud du Jardin pour les collections de zoologie, puis, tout récemment, M. Milne-Edwards étant directeur et M. Dutert architecte du Jardin des plantes, un dernier musée s'est édifié près de la porte d'entrée principale, à l'angle de la rue de Buffon. On a inauguré le 21 juillet 1898 ce bâtiment nouveau, que peintres et sculpteurs ont somptueusement décoré, qui a coûté au Muséum plus de 2 millions, et dans lequel on a installé trois séries de collections : anthropologie, géologie, anatomie comparée, jusqu'alors entassées dans les vieilles bâtisses de la rue Cuvier.

Le budget annuel du Muséum est de 967 500 francs. Tous ses pavillons, jardins et galeries sont, comme la bibliothèque et la ménagerie, accessibles au public tous les jours, à des heures déterminées. De plus, les artistes peuvent être autorisés à dessiner, peindre et photographier dans les allées ou galeries, et les jardiniers du Muséum délivrent, sur demandes spéciales, des échantillons de graines, de fleurs et de plantes aux établissements d'enseignement supérieur et même aux étudiants.

Quant aux cours professés, ils sont nombreux ; en voici la liste avec les noms de professeurs titulaires :

Anatomie comparée, M. Filhol ; *anthropologie*, M. Hamy ; *botanique*, MM. Bureau et Van Tieghem ; *chimie organique*, M. Arnaud ; *culture*, M. M. Cornu ; *entomologie*, M. Bouvier ; *ichtyologie*, M. Vaillant ; *géologie*, M. Stanislas Meunier ; *malacologie*, M. E. Perrier ; *ornithologie*, X… ; *minéralogie*, M. Lacroix ; *paléontologie*, M. Gaudry ; *pathologie comparée*, M. Chauveau ; *physiologie générale*, M. Gréhant ; *physiologie végétale*, M. Dehérain ; *physique*, MM. Becquerel et Maquenne ; *dessin*, M. Frémiet, Mme Madeleine Lemaire.

De plus, feu Milne-Edwards, prédécesseur de M. Perrier à la direction du Muséum, a fondé en 1893 un cours spécial pour les voyageurs, cours auquel participent tous les professeurs du Muséum, et dans lequel on enseigne aux futurs explorateurs les moyens de former et de rapporter des collections.

Depuis 1802, la Muséum publie des annales ou mémoires qui forment aujourd'hui une imposante collection de documents scientifiques. Enfin il a créé, il y a trois ans, un bulletin spécial relatant mensuellement les travaux des divers laboratoires, travaux dont l'énumération est faite aux réunions périodiques des « naturalistes du muséum ».

UNIVERSITÉ DE PARIS

Vice-Recteur (faisant fonctions de recteur) : M. OCTAVE GRÉARD,
Membre d l'Académie française.

L'Université de Paris comprend les cinq facultés de Théologie protestante, de Droit, de Médecine, des Sciences, des Lettres (ces deux dernières sont réunies dans les bâtiments de la *Sorbonne*), et l'École supérieure de pharmacie.

Organisation.

Les universités, en France, ont été organisées en fait par l'article 71 de la loi de finances du 28 avril 1893, qui créa dans chaque ressort académique le « corps des facultés », le déclara personne civile et le pourvut d'un budget ; ces corps de facultés furent réglementés par les deux décrets du 9 et du 10 août 1893. Enfin, la loi du 10 juillet 1896 leur donna le nom d'*universités*, et une série de décrets réglementa ces institutions nouvelles : décrets du 21 juillet 1897, le premier portant règlement pour les Conseils des universités, le deuxième relatif au régime scolaire et disciplinaire des universités, le troisième portant règlement d'administration publique pour l'acceptation des dons et legs faits en faveur des universités, des facultés et écoles d'enseignement supérieur ; décrets du 22 juillet 1897, le premier sur le régime financier et la comptabilité des universités, le deuxième sur le régime financier et la comptabilité des facultés ; décret du 31 juillet 1897, sur les droits à percevoir au profit des universités.

Conseil de l'Université de Paris.

L'Université de Paris a à sa tête le Conseil de l'Université de Paris. Ce conseil comprend : 1° des membres de droit : le vice-recteur de l'Académie, président, les doyens des facultés et le directeur de l'École supérieure de pharmacie ; 2° deux délégués de chaque faculté ou école, élus pour trois ans par l'Assemblée de la Faculté ou École parmi les professeurs titulaires. A la fin de la dernière année scolaire (31 octobre 1899), le Conseil était constitué comme il suit : MM. Gréard, vice-recteur ; Sabatier, doyen, Bonne-Maury et Ménégoz, délégués de la Faculté de théologie protestante ; Glasson, doyen, Gérardin et Lyon-Caen, délégués de la Faculté de droit; Brouardel, doyen, Lannelongue et Potain, délégués de la Faculté de médecine; Darboux, doyen, Troost et Gaston Bonnier, délégués de la Faculté des sciences; Croiset, doyen, Lavisse et Petit de Julleville, délégués de la Faculté des lettres; Planchon, directeur, Milne-Edwards et Moissan, délégués de l'École supérieure de pharmacie. Le bureau se composait de MM. Gréard, président, Brouardel, vice-président; Lavisse, secrétaire: Albert Durand, secrétaire de l'Académie, secrétaire adjoint. Du 1er novembre 1898 au 31 octobre 1899, le Conseil s'est réuni treize fois ; en règle générale, ces réunions ont lieu le dernier lundi du mois.

Le Conseil statue sur l'administration des biens de l'Université, sur l'exercice des actions en justice, sur la réglementation des cours libres, sur l'organisation et la réglementation des cours, conférences et exercices pratiques communs à plusieurs facultés; sur l'organisation générale des cours, conférences et exercices pratiques proposés pour chaque année scolaire par les facultés et écoles de l'Université, sur l'institution d'œuvre dans l'intérêt des étudiants, sur la répartition entre les étudiants des facultés et écoles de l'Université, des dispenses de droits prévues par les lois et règlements. Les décisions sont définitives si, dans le délai d'un mois, elles n'ont pas été annulées pour excès de pouvoir, ou pour violation d'une disposition légale ou réglementaire, par arrêté du ministre de l'Instruction publique, après avis de la section permanente du Conseil supérieur de l'Instruction publique. Le Conseil délibère sur les acquisitions, aliénations et échanges des biens de l'Université, sur les baux d'une durée de plus de dix-huit ans, les emprunts, l'acceptation des dons et legs, les offres de subventions, les créations d'enseignements rétribués sur les fonds de l'Université, l'institution et la réglementation de titres particuliers à l'Université. Il a le droit d'émettre des vœux sur les questions relatives à l'enseignement supérieur. Il possède juridiction sur les étudiants immatriculés et sur les candidats aux grades et titres d'enseignement supérieur pour toute faute commise au cours ou à l'occasion d'un examen.

Vie de l'Université.

Le personnel enseignant comprenait, au commencement de l'année scolaire 1899-1900, 255 personnes, dont la moitié (129) sont professeurs titulaires; les autres sont professeurs adjoints (13), ou agrégés (47), chargés de cours à divers titres ou chefs de travaux chargés d'un enseignement (41), maîtres de conférences (25). — A ce chiffre, pour avoir le nombre des professeurs d'enseignement supérieur à Paris (non compris l'enseignement libre), il faudrait ajouter les 200 professeurs des établissements autres que l'Université : Collège de France, Muséum d'histoire naturelle, grandes écoles.

« Nous sommes déjà très nombreux, disait M. A. Croiset, doyen de la Faculté des lettres (*Rapport* pour 1898-99). Il est à souhaiter que nous le devenions plus encore. Depuis qu'une faculté, en France, n'est plus regardée comme une sorte de collège de rhétorique supérieure, mais qu'elle correspond à un enseignement effectif de disciplines scientifiques, il est inévitable qu'elle s'accroisse assez pour embrasser dans ses programmes de cours l'ensemble de ces disciplines telles que les détermine l'état présent de la science. Nous n'en sommes pas encore tout à fait là, mais nous sommes en bonne voie, et nous avons sujet de bien augurer de l'avenir. »

Outre l'enseignement régulier de ces professeurs, des cours libres ont été professés auprès de l'Université en 1898-99, au nombre de 22.

Les bibliothèques des facultés ont, cette année, communiqué près de 600 000 volumes à un peu plus de 350 000 travailleurs (non compris les prêts au dehors).

Les étudiants de l'Université ont atteint le nombre de 13 568, parmi lesquels 12 379 (dont 277 femmes) étaient Français, 1189 (dont 174 femmes) étaient étrangers. Le nombre des boursiers d'État et des boursiers municipaux a été de 146, soit 1 boursier pour 94 étudiants; de plus, 24 étudiants ont bénéficié de bourses particulières. Ce monde d'étudiants a participé, en 1898-1899, à 31 262 examens, subis devant les facultés et l'École de pharmacie : L'Université de Paris est la plus nombreuse du monde ; elle possède à elle seule près de la moitié des étudiants d'enseignement supérieur qui sont en France.

La dépense totale de l'Université de Paris dépasse un peu 5 millions, dont deux tiers pour le personnel et un tiers pour le matériel. Mais les dépenses afférentes au personnel sont payées directement par l'État et n'incombent pas à l'Université, sauf pour les enseignements fondés par elle-même. Au contraire, la dépense des enseignements fondés par l'Université et toutes les dépenses afférentes au matériel, y compris celle des bibliothèques et des laboratoires, sont soldées par le budget universitaire qu'administre le Conseil. Elles ont été pour l'année dernière (1899) un peu au-dessous de 1 700 000 francs en recettes et en dépenses.

Les enseignements créés par l'Université depuis sa constitution sont les suivants : deux chaires à la Faculté de droit, un emploi nouveau d'agrégé à la Faculté de médecine, une chaire à la Faculté des sciences, une chaire et deux cours à la faculté des lettres, deux emplois nouveaux d'agrégés à l'École de pharmacie.

Conformément à l'autorisation qu'ont reçue les nouvelles universités d'instituer des titres d'ordre absolument scientifique, qui ne confèrent aucun des droits et privilèges attachés aux grades d'État, il a été créé un diplôme de doctorat de l'Université de Paris, délivré par les facultés et l'École de pharmacie; les conditions exigées sont : 1° un stage d'une année au moins près la faculté compétente; 2° le dépôt et la soutenance d'une thèse de français. Déjà en 1899, deux thèses pour l'obtention de ce diplôme ont été soutenues avec succès.

Enfin, en dehors de ses occupations ordinaires (enseignement, examens), l'Université de Paris, en 1898-99, a organisé des conférences spéciales pour les étudiants des diverses facultés, et a préparé sa participation à l'Exposition universelle.

Historique.

L'Université de Paris date réellement non de sa résurrection (le 10 juillet 1896), mais de sa naissance qui touche à celle de Philippe-Auguste. Elle est la plus vieille université du monde. Aussi ne pouvons-nous songer à retracer ici son histoire. Rappelons qu'elle naquit de la réunion des écoles de logique établies sur la rive gauche par Abélard avec les écoles de théologie du cloître Notre-Dame; elle se constitua peu à peu, au cours du xiie siècle, par le groupement des élèves et la hiérarchisation des maîtres. Son nom paraît pour la première fois dans une lettre d'Innocent III, de 1208. L'ancienne Université comprenait quatre facultés : de Théologie, la première de toutes, de Décret ou de Droit, et de Médecine, qui étaient les facultés supérieures, et celle des Arts, qui était la faculté préparatoire. Cette université disparut lors de la Révolution; la loi sur la constitution civile du clergé la dépeupla, la vente des biens des collèges la ruina : elle tomba pour ainsi dire d'elle-même sans avoir été officiellement supprimée. Napoléon fonda l'Université de France, et la divisa en académies. L'Académie de Paris comprit les trois anciennes facultés supérieures, auxquelles furent adjointes les Facultés des lettres et des sciences, démembrement de l'ancienne Faculté des arts. La Faculté de théologie disparut en 1883 ; sa place est aujourd'hui occupée par la Faculté de théologie protestante. En étudiant ces diverses facultés, nous donnerons quelques détails sur l'historique de chacune d'elles.

LA FACULTÉ DE THÉOLOGIE PROTESTANTE

Doyen : G. Auguste SABATIER
Professeur de dogme réformé.

Cette Faculté n'existe que depuis 1871 ; c'est l'ancienne Faculté de Strasbourg transférée à Paris. Elle est installée boulevard Arago, 83, au coin du faubourg Saint-Jacques.

L'enseignement comprend les cours de dogme luthérien, dogme réformé, morale évangélique, Ancien Testament, Nouveau Testament, histoire ecclésiastique, patristique, théologie pratique, histoire de la philosophie, langue allemande. Des exercices pratiques (homilétiques, catéchétiques, plans de sermons) sont organisés à la Faculté et à l'École Saint-Marcel, 19, rue Tournefort. Deux cours libres sont professés cette année (1899-1900) sur « la composition et la compétence des corps ecclésiastiques de l'Église réformée de France », et sur « la prédication en France au XIXᵉ siècle ». Les cours sont répartis en deux semestres, qui s'ouvrent le 1ᵉʳ novembre et le 1ᵉʳ mars.

Pour être admis à subir l'examen du baccalauréat en théologie, il faut avoir suivi un cours de trois ans, en outre d'une première année d'études préparatoires terminée par un examen dit d'ascension en théologie. Tout semestre d'études doit être validé par un examen de passage. Les épreuves du baccalauréat se composent d'un examen écrit et oral et de la soutenance publique d'une thèse imprimée. Pour subir les épreuves de la licence, il faut justifier de quatre inscriptions prises depuis le baccalauréat ; on n'est reçu licencié qu'après avoir subi des examens écrits et oraux, et après avoir soutenu deux thèses publiques, dont l'une en latin. Le doctorat en théologie s'obtient par la soutenance d'une dernière thèse générale.

Le nombre des étudiants réguliers qui ont été immatriculés et ont fait acte de scolarité, s'est élevé en 1898-1899 à 78. Ce chiffre comprend 70 Français et 8 étrangers (2 Suisses, 1 Américain, 1 Anglais, 1 Canadien, 1 Hongrois, 1 Serbe, 1 Suédois). De plus, 14 auditeurs réguliers (7 Français et 7 étrangers) ont suivi les cours. Le total des examens et soutenances est monté à 142 (24 examens de baccalauréat, fin d'études).

La Faculté possède une bibliothèque de 13 191 volumes, et une collection de portraits de 2 200 numéros ; il faut signaler dans cette bibliothèque la collection certainement la plus riche qui existe en France d'ouvrages relatifs à l'histoire de la pensée religieuse allemande aux xviiie et xixe siècles.

A cause de l'exiguïté des locaux, l'internat de la Faculté ne reçoit, depuis quatre ou cinq ans, plus même la moitié des élèves de la Faculté ; aussi le doyen a-t-il dû grouper autour de celle-ci une demi-douzaine de familles honnêtes et modestes, qui reçoivent, l'une deux, l'autre trois ou quatre étudiants, et s'engagent à les entourer d'une affectueuse sollicitude tant au point de vue moral que matériel. Cet essai en France d'internat familial est remarquable pour la rareté du fait.

LA FACULTÉ DE MÉDECINE

Doyen : M. le Dr P. BROUARDEL
Professeur de médecine légale, Membre de l'Institut.

Les bâtiments de l'École de médecine sont situés entre la rue de l'École-de-Médecine (entrée principale), la place de l'École-de-Médecine, le boulevard Saint-Germain et la rue Hautefeuille. Ceux de l'École pratique s'étendent entre les rues de l'École-de-Médecine (entrée), Racine, Monsieur-le-Prince, Antoine-Dubois.

Enseignement.

L'enseignement de la Faculté est donné par 34 professeurs titulaires, 38 agrégés, 7 chargés de cours à titres divers (total 79); c'est la faculté qui possède le personnel enseignant le plus nombreux.

Cet enseignement est réparti en deux semestres :

Premier semestre. — Cours : physique biologique, anatomie, histologie, physiologie, pathologie chirurgicale, pathologie médicale, pathologie expérimentale et comparée (à l'École pratique); anatomie pathologique (fondation Dupuytren, à l'École pratique); thérapeutique (à l'École pratique); pharmacologie et matière médicale, histoire de la médecine et de la chirurgie (fondation Salmon de Champotrau), médecine légale (à la Morgue). — Cliniques : cliniques médicales (à la Charité, à la Pitié, à l'hôpital Saint-Antoine, à l'Hôtel-Dieu); cliniques chirurgicales (à l'Hôtel-Dieu, à l'hôpital Necker, à la Charité, à la Pitié); clinique de pathologie mentale et des maladies de l'encéphale (à l'asile Sainte-Anne); clinique des maladies des enfants (à l'hôpital des Enfants-Malades); clinique des maladies cutanées et syphilitiques (à l'hôpital Saint-Louis); clinique des maladies du système nerveux (à la Salpêtrière); clinique ophtalmologique (à l'Hôtel-Dieu) ; clinique des maladies des voies urinaires (à l'hôpital Necker); clinique d'accouchements (à la clinique Baudelocque, 125, boulevard du Port-Royal). — Conférences : chimie biologique, anatomie (à l'École pratique); pathologie générale élémentaire, pathologie interne, pathologie externe, médecine légale, hygiène (à l'École pratique); obstétrique, maladies de la peau (à l'hôpital Saint-Louis). — Travaux pratiques (à l'École pratique) : physique biologique, chimie biologique, dissection, histologie, anatomie pathologique, parasitologie.

Deuxième semestre. — Cours : chimie, opérations et appareils (à l'École pratique) ; pathologie interne, pathologie et thérapeutique générales, histoire naturelle médicale, hygiène, médecine légale (conférences de médecine légale à la Morgue). — Cours complémentaires : pathologie externe, accouchements (mêmes cliniques que dans le premier semestre). — Conférences : physique biologique, anatomie, histologie (à l'École pratique) ; physiologie (à l'École pratique) ; pathologie interne (à l'École pratique) ; pathologie externe, thérapeutique, anatomie pathologique, maladies de la peau (à l'hôpital Saint-Louis). — Travaux pratiques : physique biologique, histologie (à l'École pratique) ; médecine opératoire (à l'École pratique) ; anatomie pathologique.

De plus, en 1898-1899, huit cours libres ont été professés à la Faculté sur les matières suivantes : les découvertes modernes et leurs applications aux sciences médicales (rayons X de Rœntgen, chronophotographie, l'air liquide) ; chirurgie abdominale et gynécologie ; électrothérapie et radiographie, affections des voies urinaires, psychologie physiologique et pathologique, applications de l'hypnotisme, pathologie et thérapeutique dentaires, minéralogie biologique, minéralisation comparée du tissu musculaire dans la série animale, stomatologie clinique et thérapeutique.

Les étudiants, en vue du diplôme de docteur en médecine, ont à subir cinq examens et à soutenir une thèse. D'après le nouveau régime (décret du 24 juillet 1899), le premier examen est subi entre la sixième et la huitième inscription ; le second entre la huitième et la dixième ; le troisième, entre la treizième et la seizième ; le quatrième et le cinquième, après la seizième. La durée normale de ces études est de cinq années. En 1898-1899, ont été exclus avec sévérité des registres de la Faculté les étudiants ayant cessé de faire acte de scolarité pendant cinq ans ; 160 exclusions ont été prononcées de ce chef. Désormais l'étudiant de dixième année n'existe plus, même sur le papier.

Les études en vue du diplôme de chirurgien dentiste ont

une durée de trois ans; celles en vue du diplôme de sage-femme durent deux ans.

La Faculté de médecine de Paris délivre le diplôme de docteur de l'Université de Paris aux étudiants *étrangers* qui ont obtenu de faire leurs études et de subir leurs examens à la Faculté avec dispense du grade de bachelier ; ce titre ne confère aucun des droits et privilèges attachés au grade par les lois et règlements, et ne peut, en aucun cas, être déclaré équivalent au grade de docteur en médecine.

La Faculté posséde deux musées : le musée Orfila et le musée Dupuytren, ouverts aux élèves tous les jours de midi à 5 heures.

Statistique des Étudiants et des Examens.

Au 1er octobre 1899, le nombre total des étudiants à la Faculté de médecine était de 4 315, chiffre qui se décompose ainsi : élèves docteurs 4 039, élèves officiers de santé 73, élèves sages-femmes 78, élèves chirurgiens-dentistes 125. 3 148 étudiants (doctorat et officiat) ont pris des inscriptions ou subi des examens; 964 étudiants en cours d'études n'ont fait aucun acte de scolarité (service militaire, préparation à l'externat, à l'internat, etc.).

Dàns le nombre total de 4 315 étudiants, 3 513 étaient Français, 29 Françaises, 470 étrangers, 100 étrangères. Les étrangers viennent surtout de l'Empire ottoman (96), de l'Empire russe (89), de la Roumanie (74), de la Grèce (25), de l'Empire allemand (24), des Antilles (24), de la Suisse (20); les autres États n'ont envoyé qu'un nombre insignifiant d'étudiants. Ici, comme à la Faculté de droit, l'importance de notre clientèle orientale est à considérer. Mais les Russes, très peu nombreux au droit, sont 180 à la médecine (89 jeunes gens, 91 jeunes filles). Les étrangères, on le voit, viennent surtout de Russie ; la Roumanie en a envoyé 5, l'Empire allemand 2, la Suisse 1, les îles Britanniques 1.

9 118 candidats ont subi des examens en 1898-1899; 1 591 ont

été ajournés. La Faculté à décerné 671 diplômes de docteur en médecine (dont 79 à des étrangers ; 24 à des Russes, dont 17 femmes) ; elle a reçu, en outre, 13 officiers de santé, 48 sages-femmes, 68 chirurgiens dentistes.

Aux travaux pratiques de dissection, pendant l'hiver, ont pris part 729 étudiants, à savoir : 782 à l'École pratique, 147 à l'amphithéâtre des hôpitaux ; 517 ont fait des exercices de médecine opératoire pendant l'été, savoir 377 à l'École pratique, 140 à l'amphithéâtre des hôpitaux. La Faculté a reçu 1 664 « sujets », dont 1 080 ont été utilisés. Le nombre des étudiants qui ont suivi les hôpitaux en vue du stage réglementaire s'est élevé à 1 560, répartis dans 72 services.

A la Bibliothèque, qui possède près de 100 000 volumes et qui a été fréquentée par 100 898 lecteurs, le nombre des communications a été de 146 500 ; celui des prêts à l'extérieur, de 3 146, consentis à 1 950 emprunteurs ; celui des prêts à des facultés de province, de 950.

Historique.

Ce n'est guère qu'au xiiie siècle, alors qu'existaient déjà la Faculté de théologie et celle de décret, que les études médicales furent entreprises à Paris ; jusqu'alors les centres principaux pour ces études étaient Montpellier et Salerne. Mais ce ne fut que bien plus tard que la Faculté de médecine de Paris put rivaliser avec celle de Montpellier. Ses premiers locaux avaient été construits vers la fin du xve siècle, rue de la Bûcherie ; l'amphithéâtre ne fut bâti qu'en 1617 ; il existe encore aujourd'hui à l'angle de la rue de la Bûcherie et de la rue de l'Hôtel-Colbert, non loin du quai Montebello. La Ville de Paris vient d'acquérir récemment ces locaux, où avait été installé un lavoir, et cet amphithéâtre, qui avait été dépecé en petits logements particuliers. La Faculté ne quitta la rue de la Bûcherie qu'en 1775 ; elle alla s'installer rue Jean-de-Beauvais, dans les anciennes salles de la Faculté de droit. D'autre part, les chirurgiens, dont la confrérie avait été formée à l'époque de saint

Louis, sous le patronage des saints Côme et Damien, furent
admis, au xvᵉ siècle, parmi les écoliers de la Faculté de médecine. C'est pour eux que fut construit, près du couvent des
Cordeliers, en 1615, un amphithéâtre qui subsiste encore, et
appartient aujourd'hui à l'École nationale des arts décoratifs,
rue de l'École-de-Médecine. Cet amphithéâtre fut bientôt trop
petit ; sous Louis XVI, il fut remplacé par un édifice construit
de 1769 à 1776 par Jondouin, non loin de là, sur l'emplacement
de l'ancien collège de Bourgogne : c'est la partie centrale de
l'École actuelle de médecine. Cet édifice se composait de quatre
corps de bâtiment entourant une cour ; la façade, de 57 mètres
de longueur, présente une galerie à quatre rangs de colonnes
ioniques, dont l'ordonnance règne sur toute la longueur ; sur
l'entablement qui couronne cette colonnade s'élève un étage,
en manière d'attique, de douze fenêtres interrompues au-
dessus de la porte par un grand bas-relief : Louis XV (remplacé sous la Révolution par la figure de la République), entre
la Sagesse et la Bienfaisance, accordant des privilèges à l'École
de chirurgie.

Ce fut la Révolution qui installa l'École de santé, héritière
de l'ancienne Faculté de médecine, dans les bâtiments de l'ancienne École de chirurgie. Les deux écoles, dans l'Université
de France organisée par Napoléon Iᵉʳ, devinrent la nouvelle
Faculté de médecine. Avec la renaissance, dans le courant de
notre siècle, des études médicales et chirurgicales, les locaux
ne tardèrent pas à devenir insuffisants. On conserva les bâtiments anciens, « considérés généralement comme étant l'ou-
vrage le plus classique du xviiiᵉ siècle » (M. Edmond Beaure-
paire), mais on entreprit tout autour la construction de
nouveaux corps de bâtiment ; cette entreprise s'achève à peine.
La partie neuve comprend principalement une façade monumentale, de style grec pur, d'aspect un peu sévère, avec
colonnes ioniques engagées, sur le boulevard Saint-Germain ;
à l'angle de ce boulevard et de la rue de l'École-de-Médecine,
est un pan coupé, dont la porte est ornée de deux cariatides,
la Médecine et la Chirurgie, par Crauk ; au côté opposé, à

l'angle de la même rue et de la rue Hautefeuille, un nouveau
corps de bâtiment prolonge l'ancienne façade et en reproduit
le style. En même temps, la Faculté était agrandie par la construction, au delà de la place de l'École-de-Médecine, de l'École
pratique de médecine. En 1832 déjà, des pavillons de dissection
avaient été élevés sur cet emplacement à la place de l'ancien
hôpital Saint-Côme; en 1875 les agrandissements actuels
furent décidés; et sont terminés depuis peu, l'École pratique
comprend tout le périmètre compris entre les rues Racine,
Monsieur-le-Prince, Antoine Dubois et de l'École-de-Médecine.
La partie des collections appelée Musée Dupuytren occupe
l'ancien réfectoire du couvent des Cordeliers.

LA FACULTÉ DE DROIT

Doyen : M. E. GLASSON
Professeur de procédure civile.

Les bâtiments de la Faculté de droit occupent un vaste îlot
entre la place du Panthéon (entrée principale) et les rues
Soufflot, Saint-Jacques et Cujas.

Enseignement.

L'enseignement de la Faculté est donné par 32 professeurs
titulaires, 5 professeurs adjoints, 1 agrégé (total 38).

Voici les cours qu'il comprend. — *Première année :* droit
romain, droit civil, économie politique, histoire du droit,
éléments de droit constitutionnel. — *Deuxième année :* droit
romain, droit civil, droit civil approfondi et comparé, droit
administratif, droit criminel, droit international public. — *Troisième année :* droit civil, droit civil approfondi et comparé,
droit commercial, procédure civile, voies d'exécution, droit
maritime, législation commerciale comparée, droit inter-

national privé, législation financière. — Cours spéciaux pour
le doctorat : 1° doctorat sciences juridiques : Pandectes, droit
romain, histoire du droit public romain (chaire créée par le
Conseil de l'Université de Paris), histoire du droit français,
droit civil approfondi et comparé, législation pénale comparée, droit administratif (juridiction et contentieux) ; 2° doctorat sciences politiques et économiques : histoire du droit
public français, principes du droit public, droit constitutionnel comparé, droit administratif, droit international
public, histoire des traités (cours créé par le Conseil de l'Université de Paris), économie politique, histoire des doctrines
économiques, législation française des finances et science
financière, législation et économie industrielles, économie
sociale, législation coloniale. — Cours complémentaires :
droit musulman, économie sociale comparée (fondation comtesse de Chambrun), statistique.

En 1898-1899, deux chaires nouvelles ont été créées : celles
de législation coloniale, de législation et économie industrielles.

Cette année, quatre cours libres ont été professés à la
Faculté : cours d'allemand appliqué à l'étude des termes de
droit, assurances sur la vie, sciences auxiliaires de l'histoire
du droit, la folie devant les tribunaux.

La durée normale de l'enseignement de la Faculté de droit
est de deux années pour le baccalauréat en droit, de trois
années pour la licence en droit. Chaque étudiant subit à la fin
de l'année scolaire un examen portant sur toutes les matières
enseignées pendant l'année. Le deuxième examen confère le
grade de bachelier en droit ; le troisième, celui de licencié en
droit. Le premier examen ne comprend qu'une seule partie ; le
deuxième et le troisième sont divisés en deux parties, subies
chacune à deux jours consécutifs. Le programme de ces
examens a été fixé par le décret du 30 avril 1895.

Pour obtenir le diplôme de docteur en droit (décrets des
30 avril 1895 et 8 août 1898), il faut être licencié en droit, faire
une quatrième année d'études devant la Faculté, prendre quatre

nouvelles inscriptions, subir deux examens et soutenir un acte public.

Statistique des étudiants et des examens.

Le chiffre total des étudiants était en 1898-1899 de 4 618. Depuis quatre ans l'augmentation est insignifiante (4 555 en 1895-1896) ; mais la Faculté ne saurait dépasser aujourd'hui ce chiffre qu'en dépeuplant les facultés de province sans profit pour elle-même ni pour le bien des études. Le chiffre total se décompose ainsi qu'il suit : étudiants ayant pris inscriptions et passé examen pendant l'année scolaire : 2 725 ; étudiants ayant pris inscription sans passer examen : 372 ; étudiants ayant passé examen sans prendre inscription : 755 ; étudiants n'ayant fait aucun acte de scolarité (pour la plupart sous les drapeaux) : 426 ; étudiants des facultés libres : 340.

Sur ce nombre total, on compte 466 inscrits pour le doctorat pendant l'année scolaire, dont 240 au doctorat sciences juridiques et 226 au doctorat sciences politiques et économiques ; mais il faut remarquer que le nombre effectif des aspirants au doctorat est beaucoup plus élevé, car il faut aussi y comprendre tous ceux qui ont déjà pris leurs inscriptions de doctorat et qui n'ont pas encore subi leurs examens ou soutenu leur thèse.

Le nombre des étudiants étrangers a été de 305 : 120 viennent de la Roumanie, 52 de l'Égypte, 37 de l'Empire ottoman, 23 de la Grèce, 20 de la Serbie (total pour ces cinq pays : 252 ; soit les 5/6) ; les autres États n'ont fourni que très peu d'élèves... « Cette fidélité, dit à ce propos M. Petit de Julleville, rapporteur général pour 1898-1899, cette fidélité de notre clientèle orientale atteste le prestige que la France conserve dans toutes les parties, indépendantes aujourd'hui ou encore soumises, de l'ancien Empire ottoman. Elle mérite bien qu'on la remarque, qu'on la ménage et qu'on l'encourage. »

Le nombre des femmes qui font leurs études de droit demeure insignifiant. D'après la statistique publiée par le ministère de l'Instruction publique (*Bulletin administratif* du 15 avril 1899), il est de 7 pour la France entière, dont 4 à Paris (2 Françaises et 2 Russes).

A propos du nombre considérable des aspirants au doctorat, M. Petit de Julleville fait la réflexion suivante : « La Faculté voudrait faire honneur de ce grand nombre à l'ardeur scientifique de la jeunesse, mais elle sait trop bien que beaucoup n'ont d'autre vocation que celle d'échapper à deux ans de service militaire. Ce sont ceux-là qui font le chiffre énorme d'ajournements (49 p. 100); plusieurs même, après des échecs répétés, arrivent à 27 ans sans être reçus docteurs, font ensuite deux ans de caserne et rentrent dans leur famille à 29 ans ; il est bien tard alors pour commencer une carrière. La Faculté souhaite vivement que les étudiants sondent bien leurs forces et leurs ressources avant de s'engager dans cette voie longue et épineuse du doctorat. »

Il a été subi en 1898-1899 7 176 examens ; dans ce chiffre total, les étudiants de la faculté de l'État comptent pour 6 490 et ceux des facultés libres pour 686. Il a été prononcé 2 308 ajournements. Il a été délivré 1 898 diplômes, savoir : 241 de docteur, 739 de licencié, 848 de bachelier et 70 certificats de capacité. Il a été subi 244 thèses, dont 229 par les étudiants de la faculté de l'État et 15 par ceux des facultés libres.

La bibliothèque, qui possède plus de 400 000 volumes, s'est accrue de 2 787 volumes nouveaux ; elle a reçu 294 480 lecteurs et communiqué un total de 450 480 volumes ; 1 782 volumes ont été communiqués au dehors.

Historique.

Au moyen âge, la Faculté de décret ou de droit était une des quatre facultés de l'Université de Paris ; elle avait été détachée, vers le milieu du XIIe siècle, de la Faculté de théologie. Dès 1220 elle cessa d'enseigner le droit romain et se borna au droit canon ; aussi son importance ne fut-elle point considérable : le siège de la science juridique était alors non Paris, mais Bologne. En 1679, Louis XIV ordonna que le droit civil fût enseigné à côté du droit canon, et cette mesure accrut aussitôt l'importance de la Faculté de Paris. Celle-ci était alors installée rue Jean-de-Beauvais; elle demeura dans ces locaux incommodes jusqu'au moment où, sous Louis XIV, l'architecte Soufflot construisit le bâtiment de la place du Panthéon. Ce bâtiment, commencé en 1771, ne fut achevé qu'en 1823. La façade est décorée de quatre colonnes ioniques; les entre-colonnements encadrent deux étages de fenêtres et se détachent sur un mur circulaire formant lui-même avant-corps sur le bâtiment principal. La Révolution, qui fit disparaître l'Université de Paris, ne remplaça pas la Faculté de droit par une institution distincte et autonome; elle se contenta d'établir dans les trois écoles centrales, qui furent ouvertes à Paris, des cours de législation. L'Empire reconstitua cette faculté et la replaça dans le bâtiment construit par Soufflot. Ce bâtiment fut trouvé bientôt insuffisant; dès 1830 il fallut augmenter l'école d'un vaste amphithéâtre; en 1878, on construisit la bibliothèque, en retour sur la rue Cujas. Depuis, de nouveaux et considérables agrandissements ont été jugés nécessaires : de 1892 à 1897, l'architecte Lheureux a élevé, entre les autres bâtiments et en façade sur la rue Saint-Jacques, de nouvelles constructions d'un caractère monumental.

LA SORBONNE

On désigne sous ce nom un ensemble de vastes constructions qui occupe un grand quadrilatère circonscrit par les rues des Écoles au nord, Saint-Jacques à l'est, Cujas au sud, Victor-Cousin et de la Sorbonne à l'ouest. Dans ces bâtiments sont installés : 1° les bureaux de l'Académie de Paris, les cabinets et appartements du vice-recteur, président du Conseil de l'Université (entrée : rue des Écoles); 2° la Faculté des lettres (rue de la Sorbonne, rue des Écoles, rue Saint-Jacques); 3° la Faculté des sciences (place de la Sorbonne, rue Cujas, rue Saint-Jacques); 4° l'École des Chartes (rue de la Sorbonne, 17); 5° l'École pratique des hautes études (rue Saint-Jacques, 46).

Nous ne nous occuperons, dans ce chapitre, que du monument. Avant de décrire la nouvelle Sorbonne, qu'on achève actuellement, donnons un souvenir aux vieux bâtiments qu'elle remplace. (*Nos adieux à la vieille Sorbonne*, par M. Gréard, 1893, Hachette et Cⁱᵉ.)

La vieille Sorbonne. — Robert Sorbon, chapelain de saint Louis, fonda en 1250, à l'imitation des congrégations régulières, une congrégation séculière pour des maîtres et des écoliers de la Faculté de théologie. Il l'installa dans des bâtiments, « la maison de Sorbonne », situés entre le cloître Saint-Benoît au nord, la rue Coupe-Gueule à l'ouest et les maisons de la rue Saint-Jacques à l'est. Bientôt des annexes s'élevèrent : le collège de Calvi, une chapelle (1276), — dont une partie des murs a été découverte récemment, — une bibliothèque (1480). D'autre part, le collège acquérait une importance de plus en plus grande : dès 1554, c'est là que se tinrent les séances de délibération générale de la Faculté de théologie ; aussi, dès le siècle suivant, la reconstruction des premiers bâtiments s'impose-t-elle. Ce fut Richelieu qui la décida (1627). Une vingtaine de constructions voisines, maisons, hôtels et collèges, furent démolies dans le même temps ; et une première nouvelle Sorbonne, de beaucoup plus vaste que la primitive, édifiée. Sur l'emplacement du Collège de Calvi fut bâtie, sous le vocable de sainte Ursule, l'église qui s'élève encore au fond de la place de la Sorbonne ; elle est l'œuvre de Jacques Lemercier ; elle renferme le tombeau du cardinal de Richelieu, sculpté par Girardon ; Ph. de Champaigne a peint les pendentifs de la coupole ; le dôme est une imitation éloignée de la coupole de Saint-Pierre de Rome. Devant l'église fut créée une place qui communiqua avec la rue de la Harpe par une voie nouvelle, dite rue Neuve-de-Richelieu. Entre l'église et le cloître Saint-Benoît s'éleva, autour d'une cour rectangulaire, la Sorbonne proprement dite, telle qu'elle a subsisté jusqu'en 1893.

Le 18 août 1792, la Congrégation de Sorbonne fut supprimée ; puis, conformément au décret du 8 mars 1793, ses biens furent mis en vente. On loua à des particuliers une partie des bâtiments, où ils se logèrent ; dans une autre partie se tinrent les assemblées de la section des Thermes-de-Julien. L'église resta inoccupée ; faute d'entretien, une partie du dôme s'écroula ; ce ne fut que sous le Consulat (1800) que des réparations furent décidées. En 1802, Bonaparte logea dans la Sorbonne des hommes de lettres, des artistes ; en 1819 furent installés dans l'église des amphithéâtres de cours de droit, des ateliers : Van Doel, David d'Angers y eurent les leurs. Ce ne fut qu'en 1821 qu'une ordonnance royale rendit la Sorbonne tout entière à l'enseignement ; grâce à de grands travaux, on y aménagea des locaux pour les bureaux de l'Académie de Paris, ainsi que pour les trois facultés de Théologie, des Lettres, des Sciences. En 1822 fut construit un amphithéâtre pour les distributions du concours général ; et, en 1828, l'annexe Gerson. En 1825, l'église de la Sorbonne avait été rendue au culte.

La nouvelle Sorbonne. —Les bâtiments de Richelieu, vieux de deux siècles et construits sans plan d'ensemble, furent bientôt insuffisants. Dès 1854 leur reconstruction fut décidée ; un vaste terrain contigu fut acheté ; même, en août 1855, l'impératrice posa la première pierre d'un nouvel édifice : on n'a jamais retrouvé cette pierre. La république reprit ce projet et le fit aboutir. Un plan grandiose, dû à l'architecte Nénot, grand prix de Rome, fut adopté à la suite d'un concours ; et les travaux commencèrent en août 1885, M. Grévy étant président de la République, M. Goblet, président du Conseil.

Pour ne pas interrompre le cours des études, il fallut diviser le monument futur en plusieurs parties, qui furent construites successivement. Ce fut la partie nord (bureaux de l'Académie de Paris, le grand amphithéâtre, quelques salles de la Faculté des lettres), qui fut la première achevée ; elle fut inaugurée en juillet 1889, par M. Carnot, président de la République. La façade sur la rue des Écoles présente un développement de 83 mètres ; elle ce compose d'un bâtiment central, flanqué de deux pavillons formant avant-corps, surmontés de frontons, et de deux ailes en retraite ; le style en est sévère. Ce grand vestibule, orné de deux statues assises (Homère, par Delaplanche ; Archimède, par Falguière), donne accès dans le grand amphithéâtre, celui-ci est orné de six statues assises : Robert de Sorbon, Richelieu, Rollin, Descartes, Pascal et Lavoisier, par Crauk, Lanson, Chaplain, Coutan, Barrias, Dalou, et de la fresque célèbre de Puvis de Chavannes : le *Bois sacré*. Les façades sur les rues de la Sorbonne et Saint-Jacques répètent l'ordonnance de la façade principale, en amortissant les pavillons d'avant-corps, et surtout en subissant, quant au nombre des étages, la différence de l'altitude entre les rues Cujas et des Écoles ; à peu près au centre de la façade de la rue Saint-Jacques se dresse la tour qui sert d'observatoire : sa hauteur est d'environ 45 mètres. La Faculté des sciences, rue Cujas et rue Victor-Cousin et l'École des chartes, rue de la Sorbonne, ont été inaugurées en février 1895. La dernière partie, autour de la cour d'honneur, a été, depuis cette date, mise en service en plusieurs fois. En 1898-1899, la Faculté des lettres a pris possession des amphithéâtres Guizot et Richelieu. L'inauguration de la nouvelle Sorbonne achevée aura lieu en juillet 1900. La construction de l'énorme édifice aura coûté environ 21 millions de francs. (Voir *la Nouvelle Sorbonne*, par B. Nénot, chez Colin et Cie.)

LA FACULTÉ DES LETTRES

Doyen : M. A. CROISET
Professeur d'éloquence grecque, membre de l'Institut.

La Faculté des lettres est aujourd'hui installée commodément dans la moitié nord de la nouvelle Sorbonne.

Enseignement.

Son enseignement est donné par 23 professeurs titulaires, 6 professeurs adjoints, 11 chargés de cours, 12 maîtres de conférences (total 52). Il porte sur les matières suivantes : 1° cours magistraux : philosophie, histoire de la philosophie ancienne, histoire de la philosophie moderne, éloquence grecque, poésie grecque, éloquence latine, poésie latine, archéologie, littérature française du moyen âge et histoire de la langue française, éloquence française, poésie française, littératures étrangères, littérature de l'Europe méridionale, histoire ancienne, histoire du moyen âge, histoire moderne, histoire moderne et contemporaine, histoire de la Révolution française (fondation de la Ville de Paris), histoire de l'art (fondation de l'université de Paris), géographie, géographie coloniale, sanscrit et grammaire comparée des langues indo-européennes, science de l'éducation, histoire ancienne, littérature française, langue et littérature anglaises, histoire de l'économie sociale (fondation de la comtesse de Chambrun), philologie romane ; 2° cours complémentaires : philosophie, histoire des doctrines politiques, psychologie expérimentale (fondation de l'Université de Paris), métrique, grammaire comparée du grec et du latin, littérature française, sciences auxiliaires de l'histoire, histoire ancienne des peuples de l'Orient, histoire byzantine ; 3° conférences : philosophie, langue et littérature grecques, langue et littérature latines, langue latine, grammaire et philologie, littérature française, langue et littérature allemandes, langue et littérature anglaises, pédagogie des sciences historiques, géographie, paléographie classique.

M. Lavisse est directeur d'études pour l'histoire ; M. Lafaye, pour les lettres et la philologie ; M. Lévy-Bruhl, pour la philosophie.

De plus, cette année, sont professés des cours libres sur les matières suivantes : littérature historique, histoire des peuples musulmans, J.-J. Rousseau et son temps, histoire de la plaidoirie française, lexicologie et syntaxe latines, sciences auxiliaires de la géographie et de l'histoire coloniale.

La Faculté des lettres a deux sortes de cours : les cours publics, ouverts à tout le monde ; les cours fermés et les conférences, réservés aux étudiants et aux personnes dûment autorisées. Pour être admis à suivre les cours fermés et les conférences, les étudiants qui déclarent se préparer à un examen ont à présenter le diplôme de bachelier ès lettres ou de bachelier de l'enseignement classique (lettres, philosophie), ou, s'ils sont de nationalité étrangère, un diplôme équivalent. Les personnes pourvues du brevet supérieur de l'enseignement primaire ou d'un diplôme étranger équivalent peuvent obtenir du doyen l'entrée aux conférences de langues vivantes et de science de l'éducation.

Il y a quatre ordres de licence ès lettres : littéraire, philosophique, historique, avec mention « langues vivantes » ; chacune de ces licences donne le droit de se présenter à toutes les agrégations de l'ordre des lettres. Pour le doctorat ès lettres, le candidat doit soutenir deux thèses, l'une en latin, l'autre en français, sur deux matières distinctes, choisies par lui, d'après la nature de ses études et parmi les objets de l'enseignement de la Faculté ; les deux thèses sont soutenues en français. Les autres diplômes délivrés par la Faculté sont : le diplôme d'études supérieures d'histoire et de géographie (arrêté du 28 juillet 1894) ; le certificat d'études françaises, réservé aux étudiants de nationalité étrangère ; l'attestation d'études supérieures (décision de l'assemblée de la Faculté du 15 mai 1886) ; le doctorat d'université (règlement du 28 mars 1898).

La Faculté prépare à six ordres d'agrégation, mais elle n'est pas chargée de l'examen lui-même ; elle est, d'ailleurs, souvent représentée dans les jurys par quelques-uns de ses maîtres ; ils y figurent à titre individuel, non comme délégués de la Faculté. En 1898-1899, sur 62 places d'agrégés mises au concours, 29 ont été obtenues par des étudiants de la Faculté (philosophie 1, lettres 6, histoire 3, grammaire 8, allemand 6, anglais 5).

Statistique des Étudiants et des Examens.

Le nombre des étudiants immatriculés s'est élevé à 1 488 en 1898-1899 ; il se décompose ainsi : préparant les diverses licences 761, préparant les agrégations 429, préparant les certificats d'aptitude à l'enseignement des langues vivantes 33, préparant l'examen pour le diplôme supérieur d'histoire et de géographie 17, ne préparant aucun examen 248.

Il faut ajouter à ce nombre 149 étudiants non immatriculés (144 femmes et 5 hommes, tous les cinq étrangers), ayant reçu des cartes spéciales pour assister à certaines conférences, et pour la plupart candidats aux certificats de langues vivantes.

Dans le chiffre total de 1 637, on compte 1 437 Français (dont 206 femmes) et 140 étrangers (dont 57 femmes) ; et, d'autre part, 1 374 hommes (dont 83 étrangers), et 263 femmes (dont 57 étrangères). Les groupes étrangers les plus importants sont : Allemands de l'Empire 51 (dont 22 femmes), Russes 24 (dont 17 femmes), Américains des États-Unis 29 (dont 11 femmes) ; ces trois pays ont fourni 104 jeunes gens sur un chiffre total d'étrangers de 140.

Cette statistique ne fait pas mention des auditeurs très nombreux qui suivent les cours publics ; il n'en est fait aucun recensement exact. Mais beaucoup de cours attirent plusieurs centaines d'auditeurs, et le nombre total des personnes qui suivent un ou plusieurs cours à la Faculté des lettres ne doit pas être inférieur à 3 000.

La Faculté doit faire face à huit catégories d'examens différents : le baccalauréat de l'enseignement secondaire classique, rhétorique ; le même baccalauréat, philosophie ; le baccalauréat lettres-mathématiques pour les épreuves littéraires ; le concours des bourses de licence ; la licence ; le diplôme d'études supérieures d'histoire et de géographie ; le doctorat ès lettres ; le doctorat d'université. Le total des candidats s'est élevé, en 1898-1899, à 8 555. Ont été admis : 3 004 bacheliers, 25 candidats classés pour les bourses de licence, 168 licenciés (84 littéraires, 30 philosophes, 25 historiens, 29 mentions « langues vivantes », 17 diplomés d'études supérieures, 20 docteurs ès lettres (10 mentions honorables, 10 mentions très honorables). Il faut remarquer le chiffre des candidats à la licence : 576 en deux sessions, « chiffre excessif peut-être, où l'on craint d'entrevoir moins le zèle croissant pour la science qu'un désir plus général de ne faire qu'un an de service militaire ». (Petit de Julleville.)

La bibliothèque de la Sorbonne, dite de l'Université est commune à la Faculté des lettres et à la Faculté des sciences. Elle est magnifiquement installée dans les nouveaux bâtiments depuis le 1er janvier 1898. En 1898-1899, elle a été fréquentée par 54 091 travailleurs, auxquels ont été faites 132 361 communications ; elle a prêté au dehors à 1122 emprunteurs, 7 314 volumes. Elle compte plus de 15 000 volumes.

Historique.

De même qu'elles ont la même bibliothèque et qu'elles sont installées dans le même palais, les Facultés des sciences et lettres eurent la même histoire.

Dans l'ancienne Université, nous l'avons vu, elles étaient confondues sous un seul nom : Faculté des arts. C'était la faculté préparatoire à celles de droit, de médecine, et surtout, au moyen âge, à celle de théologie. Elle était sortie des écoles de dialectique établies par Abélard sur la montagne Sainte-Geneviève, et pendant longtemps la logique y fut presque le seul enseignement. Ses disciples, bien plus nombreux que ceux des autres facultés, y arrivaient vers la quinzième année, au sortir des « petites écoles ; » ils étaient répartis entre quatre « nations » : « France, » « Picardie, » « Normandie, » « Angleterre, » que remplaça au xve siècle celle d' « Allemagne ». Robert Sorbon, pour recruter les boursiers de théologie, fonda le premier collège d' « artieus », le collège de Calvi ; les collèges se multiplièrent au xive siècle. Avec la Renaissance, peu à peu les humanités, la rhétorique prirent dans ces collèges la place prépondérante qui avait été autrefois celle de la philosophie et de la dialectique. A la veille de la Révolution, 10 collèges de plein exercice fonctionnaient, possédant toutes les classes de grammaire, les classes de lettres et de rhétorique, la classe de philosophie. La Révolution les remplaça par les « écoles centrales », qui furent, comme eux, des écoles où l'enseignement supérieur se confondait avec le secondaire. Dans l'Université impériale, les deux degrés se séparèrent. Il y eut, à côté des lycées, une faculté des sciences et une faculté des lettres, mais annexées encore au lycée impérial, chef-lieu de l'Académie de Paris. Ces deux facultés ne devinrent tout à fait autonomes que sous la Restauration, et surtout lorsque, en 1822, elles eurent quitté les bâtiments aujourd'hui détruits de l'ancien Collège du Plessis, pour venir s'installer, avec la Faculté de théologie et le chef-lieu de l'Académie de Paris, dans les bâtiments de l'ancienne maison de Sorbonne, où elles sont restées.

LA FACULTÉ DES SCIENCES

Doyen : M. G. DARBOUX,
Professeur de géométrie supérieure, membre de l'Institut.

La Faculté des sciences est installée dans la partie sud de la nouvelle Sorbonne ; son entrée principale est à droite de l'église, sur la place de la Sorbonne. Elle possède des annexes rue de l'Estrapade, 18 ; rue Rataud, 1, rue Michelet, 3.

Enseignement.

Son enseignement général se répartit en deux semestres.
Premier semestre. — Cours : géométrie supérieure, calcul différentiel et calcul intégral, mécanique rationnelle, astronomie, mathématique et mécanique céleste, calcul des probabilités et physique mathématique, mécanique physique et expéri-

mentale, physique, physique (fondation de l'Université de Paris), chimie générale, chimie minérale, chimie biologique (à l'Institut Pasteur, rue Dutot, 25), zoologie, anatomie et physiologie comparées; évolution des êtres organisés (fondation de la Ville de Paris), histologie (fondation de l'Université de Paris), botanique, géographie physique. — Cours annexes : éléments d'analyse et de mécanique, astronomie mathématique et mécanique céleste, chimie physique, chimie analytique, embryologie générale. — Conférences : sciences mathématiques (6 conférences), sciences physiques (physique, physique générale, chimie générale et métaux, chimie organique, analyse qualitative, minéralogie), sciences naturelles (zoologie, physiologie expérimentale, botanique, géologie, pétrographie).

Deuxième semestre. — Cours : analyse supérieure et algèbre supérieure, calcul différentiel et calcul intégral, mécanique rationnelle, astronomie physique, physique mathématique, mécanique physique et expérimentale, physique, chimie organique, minéralogie, zoologie, anatomie, physiologie comparées, physiologie, géologie, analyse et mécanique, chimie physique, chimie analytique.

Enseignement préparatoire au certificat d'études physiques, chimiques et naturelles (rue Rataud, 1): physique, chimie, zoologie, botanique; quatre chefs de travaux pratiques.

Enseignement pratique de chimie appliquée (rue Michelet, 3) : Cet enseignement est coordonné aux cours et conférences de chimie de la Faculté et comprend : en première année, les préparations de la chimie minérale, les analyses minérales qualitatives et les analyses minérales quantitatives élémentaires; en deuxième année, les analyses quantitatives et les préparations de la chimie organique; en troisième année, les analyses et les préparations des produits chimiques employés dans les grandes indutries, les recherches des falsifications des produits alimentaires, les essais des métaux. Distinct à la fois et de l'enseignement préparatoire à la licence et des laboratoires de recherches organisés depuis longtemps dans la Faculté, ce nouvel enseignement s'adresse particulièrement aux jeunes gens qui ont besoin d'une solide instruction pratique de chimie, soit en vue de carrières industrielles, soit en vue de travaux scientifiques qu'ils pourront poursuivre ultérieurement dans les laboratoires de la Faculté. A la fin de la troisième année est accordé, à tout élève méritant, un « diplôme de chimiste ».

La Faculté, en dehors de ce diplôme spécial, délivre : 1° le certificat d'études physiques, chimiques et naturelles ; 2° des certificats d'études supérieures en vue de la licence ; ils sont au nombre de 18 et correspondent aux dix-huit enseignements suivants : géométrie supérieure, analyse supérieure, calcul différentiel et calcul intégral, mécanique rationnelle, mécanique céleste, astronomie mécanique, physique expérimentale, physique mathématique, physique générale, chimie générale, minéralogie, chimie biologique, zoologie, embryologie générale, physiologie générale, botanique, géologie, géographie physique ; 3° le diplôme de licencié ès sciences : ce diplôme est conféré à tout étudiant qui justifie de trois certificats d'études supérieures ; 4° le diplôme de docteur ès sciences ; 5° le diplôme de docteur de l'Université de Paris : pour ce dernier diplôme, les aspirants doivent produire deux des certificats précédents (avec équivalences pour les étudiants étrangers) ; les épreuves comprennent la soutenance d'une thèse contenant des recherches personnelles et des interrogations sur des questions proposées pas la Faculté (règlements du 28 mars 1898 et du 2 juin 1899).

A la Faculté des sciences de Paris se rattache la station de biologie maritime de Wimereux (près Boulogne-sur-Mer), fondée par M. Giard il y a vingt-cinq ans, et qui a été transportée, en 1898-1899, dans de nouveaux bâtiments à la Pointe aux oies.

Statistique des Étudiants et des Examens.

A la Faculté des sciences, le nombre des étudiants immatriculés s'est élevé, en 1898-1899, à 1 315. Ce nombre est ainsi réparti : inscrits en vue de l'agrégation de mathématiques 31 ; de l'agrégation de physique 26, de l'agrégation d'histoire naturelle 8, du doctorat 45, des différents certificats d'études supérieures (licence) 635, du certificat d'études physiques, chimiques et naturelles (P. C. N.) 420, du certificat de chimiste. (Institut de chimie appliquée) 106, candidats immatriculés qui ne postulent aucun grade 44.

Sur 1 315 étudiants ès sciences, 1 183 sont Français ; 132 sont étrangers, appartenant à dix-huit nations différentes. Le seul groupe un peu compact est, comme à l'École de Droit, celui des Orientaux : Roumains 32, sujets ottomans 14, Grecs 6, Serbes Bulgares 3. Il y faut joindre 32 Russes. Le nombre des femmes qui étudient à la Faculté des sciences est de 35, dont 21 Françaises et 14 étrangères (11 Russes).

Parmi les candidats aux certificats d'études supérieures (licence), 83 étaient immatriculés dans d'autres facultés ; l'École de pharmacie en a fourni 45 ; l'École de médecine, 34 ; l'École de droit, 3 ; la Faculté des lettres, 1.

Aux examens en vue de l'obtention des certificats d'études supérieures, 804 candidats se sont présentés, 398 ont été admis.

Le tableau de la répartition des candidats entre les différents certificats est intéressant par l'inégalité même de cette répartition. Les certificats les plus recherchés sont : chimie générale (147, dont 27 admis), calcul différentiel et intégral (94, dont 36 admis), botanique (90, dont 46 admis), physique générale (74, dont 43 admis), minéralogie (61, dont 49 admis). Les certificats les moins recherchés sont : embryologie (5, dont 4 admis), analyse supérieure (2, tous deux admis), physique mathématique (1 admis), mécanique céleste (0). Il ressort du tableau dressé par la Faculté que les préférences des étudiants vont de plus en plus vers les sciences physiques et naturelles, dont ils jugent l'acquisition plus facile, parce qu'elles exigent peut-être une moindre préparation antérieure... « La préparation aux études mathématiques, dit M. Petit de Julleville, reçue dans l'enseignement secondaire est insuffisante chez la plupart des étudiants; de là le relèvement du zèle pour ces études dans l'enseignement supérieur ».

La Faculté, en 1898-1899, a décerné 158 diplômes de licenciés, dont 102 à des candidats qui n'avaient que les trois certificats exigés; mais 43 en avaient 4, 11 en avaient 5, 1 en avait 6 et 1 en avait 7.

Le nombre des examens de doctorat ès sciences s'est élevé à 35 : sciences mathématiques 4, sciences physiques 15, sciences naturelles 16. 24 nouveaux docteurs ont obtenu la mention honorable. Le nouveau grade de docteur de l'Université de Paris n'a été décerné qu'une fois par la Faculté (mention très honorable).

Sur 546 candidats au certificat d'études physiques, chimiques ou naturelles, 319 ont été admis. Le nombre des examens de baccalauréat moderne a augmenté : 596 (dont 118 admis); celui des examens de baccalauréat classique (lettres, mathématiques) a diminué : 1 053 (dont 462 admis). Mais comme la Faculté prend part à tous les examens du baccalauréat ès lettres, 1re et 2e parties, le total des examens de tout genre auxquels elle a procédé ou pris part, en 1898-1899, s'élève à 9 564.

La Science appliquée.

L'Enseignement pratique de chimie appliquée a eu cette année son fonctionnement normal et complet, les trois premières promotions ayant accompli leur cours régulier d'études. Le nombre des examens subis s'est élevé à 95, dont 9 ajournements seulement. La promotion de troisième année a obtenu à sa sortie des résultats tout à fait satisfaisants; 18 diplômes de chimistes ont été décernés.

M. le doyen G. Darboux termine son rapport pour 1898-1899 par ces intéressantes considérations : « Nous remercions l'État et l'Université de l'aide qu'ils nous ont déjà apportée, mais nous ne pouvons nous dissimuler qu'il nous reste encore beaucoup à faire pour disposer des moyens d'action équivalents à ceux des grandes universités allemandes. L'Université de

Berlin, avec un nombre d'étudiants scientifiques moindre que le nôtre, dispose d'un crédit annuel de 42 834 francs pour ses laboratoires de physique et de 70 912 francs pour ses laboratoires de chimie pure. L'Institut de chimie physique de Leipzig a reçu du gouvernement de Saxe une somme de 575 000 francs pour son installation. Nos ressources sont bien loin d'atteindre encore ces chiffres élevés ; il est cependant désirable qu'elles ne demeurent pas trop inférieures à celles de nos rivaux, car ils ont porté la lutte sur le terrain des applications de la science à l'industrie où les succès et les revers se soldent par centaines de millions. Nous ne devons pas perdre de vue les progrès accomplis en Allemagne dans l'industrie chimique, qui prend actuellement tant d'importance. »

Historique.

Voir ce nous avons dit plus haut sur la Faculté des lettres, Historique.

ÉCOLE SUPÉRIEURE DE PHARMACIE

Directeur : M. le Professeur GUIGNARD
Membre de l'Institut.
(A succédé en mai 1900 à M. Planchon, décédé).

L'École supérieure de pharmacie occupe un vaste emplacement entre l'avenue de l'Observatoire (entrée principale au numéro 4), les rues Michelet et d'Assas.

L'Enseignement de l'École supérieure de pharmacie est donné par 11 professeurs titulaires, 8 agrégés, 5 chargés de cours (total 24). Il comprend les cours suivants : zoologie, histoire naturelle des médicaments, physique, chimie minérale, chimie analytique, pharmacie galénique, botanique, matière médicale, toxicologie, pharmacie chimique, physique appliquée, hydrologie et minéralogie, cryptogamie. Les travaux pratiques sont répartis entre quatre directeurs : pour la chimie générale, pour la chimie analytique, pour la micrographie, pour la microbiologie.

Un cours libre est professé à l'École sur la législation de la pharmacie.

Les études pour obtenir les diplômes de pharmacien de 1re ou de 2e classe durent six années, dont trois années de stage officinal et trois années de scolarité; le décret du 26 juillet 1885 en règle les conditions. Le décret du 12 juillet 1878 a institué un diplôme supérieur, qui s'obtient, par les candidats déjà pharmaciens de 1re classe, non pourvus du grade de licencié ès sciences physiques ou ès sciences naturelles, à la suite d'une quatrième année d'études, validée, par un examen et la soutenance d'une thèse originale acceptée par l'École. A l'École supérieure de pharmacie, pour l'obtention du diplôme de docteur de l'Université de Paris, la durée de la scolarité est d'une année au moins, l'épreuve consiste dans la soutenance d'une thèse contenant des recherches personnelles (Règlement du 28 mars 1898).

A l'École est annexé un jardin botanique, ouvert aux élèves tous les jours non fériés.

L'École a immatriculé, en 1898-1899, 1 794 étudiants, qui se répartissent comme suit : inscrits en vue du diplôme supérieur 7, en vue du diplôme de pharmacien de 1re classe 1 207, en vue du diplôme de pharmacien de 2e classe 580.

Parmi les 1 794 étudiants, 1 770 sont Français, 24 étrangers. Parmi ces derniers, le groupe le plus important est le groupe oriental : 7 sujets Ottomans, 2 Roumains, auxquels il faut joindre 4 Russes. Parmi les 1 770 Français figurent 19 femmes, et parmi les 24 étrangers, 1 femme. Ainsi 20 femmes en tout, seulement, poursuivent les études pharmaceutiques, tandis que 129 femmes font leurs études médicales en vue du doctorat en médecine.

L'École a décerné 238 diplômes de pharmaciens (205 de 1re classe, dont 3 avec le diplôme supérieur; 33 de 2e classe). On sait que le titre de pharmacien de 2e classe doit prochainement disparaître (loi du 19 avril 1898). 4 étrangers (1 Anglais, 3 sujets ottomans) ont obtenu le diplôme de pharmacien. Le nombre des examens de tout ordre subis à l'École s'est élevé à 2 344 (y compris 98 examens d'herboristes, — 176 de 1re classe); le nombre des admis a été de 1 788. Le diplôme récemment créé de docteur en pharmacie de l'Université de Paris a attiré rapidement à l'École un très grand nombre de candidats : 49 pharmaciens de 1re classe; en 1898-1899, ce diplôme a été décerné à 3 d'entre eux.

A la Bibliothèque, le nombre des lecteurs a été de 14 281, celui des volumes communiqués, de 22 974.

Historique.

L'origine de l'École de Pharmacie ne remonte pas à une date très éloignée. En 1777, la communauté des apothicaires fut autorisée à établir dans son jardin de la rue de l'Arbalète des cours. Ce fut le Collège de pharmacie. Il disparut, sous la Révolution, avec l'Université de Paris. En 1803, dans les locaux de l'ancien collège fut établie la nouvelle école de pharmacie ; elle y est restée jusqu'en 1890. Aujourd'hui elle occupe de grands bâtiments neufs et un vaste jardin pris sur l'emplacement de l'ancienne pépinière du Luxembourg.

HOPITAL MILITAIRE ET ÉCOLE D'APPLICATION DU VAL-DE-GRACE

277, RUE SAINT-JACQUES

Directeur : Le médecin inspecteur KELSCH

La première pierre de l'ancienne abbaye du Val-de-Grâce, où sont aujourd'hui groupés l'hôpital militaire d'instruction et l'école d'application du service de santé a été posée le 3 juillet 1624 par Anne d'Autriche, qui voulait installer dans ce cloître les religieuses du « Val-de-Grâce de Notre-Dame de la Crèche », dont le monastère du « Val Profond près de Bièvre-le-Châtel » tombait en ruines.

Louis XIII, en 1631, proclama l'abbaye de fondation royale, puis en 1645, Anne d'Autriche décida l'adjonction au monastère d'une église dont elle fit aussitôt commencer la construction. Mansard en fournit le plan, mais c'est Jacques Lemercier, puis Pierre Lemuet, Gabriel Leduc et Duval qui en poursuivirent l'édification. En 1662, le cloître, puis en 1665 l'église étaient terminés, le tout formant un ensemble imposant, séparé de la rue Saint-Jacques par la haute grille de fer qu'on connaît.

Pendant la Révolution, le cloître fut supprimé, et les bâtiments convertis en hôpital par décret du 7 ventôse an II. L'église désaffectée, changea plusieurs fois de destination : sous l'empire on la transforma en magasin d'habillement pour l'armée, et ce n'est qu'en 1826 qu'elle a été rendue au culte catholique. En 1824, l'hôpital du Val-de-Grâce fut définitivement affecté au service de santé militaire, et devint dès lors l'hôpital militaire le plus considérable de Paris. Ses divers bâtiments peuvent contenir de 1 000 à 1 200 lits ; mais 500 ou 600 seulement, en moyenne, sont occupés, non seulement par les malades des garnisons de Paris et de la banlieue, mais encore par des officiers et soldats venus de nos possessions d'outremer.

Trois services de médecine y fonctionnent, en même temps que deux services de chirurgie, un de vénériens, un de madies des yeux et des oreilles, un de détenus et d'aliénés, un d'isolement pour les maladies contagieuses.

A chaque service est attaché un certain nombre de stagiaires, docteurs en médecine. Ceux-ci séjournent deux mois à la chirurgie, deux mois à la médecine, etc., de façon à avoir, au bout de l'année scolaire, passé par tous les services de l'hôpital.

Une école d'application du service de santé militaire, créée par décret du 13 novembre 1852 est attenante à l'hôpital. L'enseignement y est assuré par des professeurs agrégés reçus au concours et qui sont titulaires des chaires suivantes : Médecine opératoire et anatomie chirurgicale ; chirurgie de guerre ; anatomie topographique ; ophtalmologie ; examen clinique des malades de chirurgie et démonstration sur le cadavre des blessures de guerre.

L'école d'application est complétée par un musée d'hygiène et un musée d'anatomie pathologique fort riches ; par un arsenal chirurgical renfermant avec les modèles des instruments et appareils anciens, ceux des appareils aujourd'hui réglementaires ; par une bibliothèque de plus de 17 000 volumes ; par des laboratoires de pharmacie, de bactériologie et un institut vaccinal animal ; enfin par une collection de matériel roulant et technique des ambulances et des hôpitaux de campagne.

ÉCOLE PRATIQUE DES HAUTES ÉTUDES

AU PREMIER ÉTAGE DE LA NOUVELLE SORBONNE
RUE SAINT-JACQUES, 46

L'École pratique des hautes études, qui ressort au ministère de l'Instruction publique (exercice 1900) pour une somme de 321 000 francs, est une institution originale, dont la création est due à M. Duruy, en 1868. Elle a pour caractère essentiel d'entraîner ses élèves, par un enseignement à la fois théorique et pratique, aux procédés de la recherche scientifique dans toutes les branches de la science. Trois de ses cinq sections, celle des sciences mathématiques, celle des sciences historiques, et philologiques, celle des sciences religieuses, fondée seulement en 1885, ont une constitution propre; après un cours d'études de trois années, qui s'effectue à la Sorbonne sous la direction de directeurs d'études et de maîtres de conférences, l'étudiant obtient par un travail scientifique personnel un diplôme d'élève de l'École. Les deux autres sections, sciences physico-chimiques, sciences naturelles, sont dispersées dans un grand nombre de laboratoires annexés aux grands établissements scientifiques de Paris ou même établis en province.

Voici le tableau de l'activité scientifique de l'École.

Section des sciences historiques et philologiques : philologie grecque, philologie byzantine et néo-grecque, épigraphie et antiquités grecques, philologie latine, épigraphie latine et antiquités romaines, histoire de la philologie classique, histoire, histoire des doctrines contemporaines de psychologie physiologique, antiquités chrétiennes, géographie historique, phonétique générale et comparée, grammaire comparée, philologie romane (chez M. Gaston Paris, au Collège de France), dialectologie de la Gaule romane, langues et littératures celtiques, langue sanscrite, langues zende et pehlvie, langues hébraïque et syriaque, langue arabe, langue éthiopienne-himyarite et langues touraniennes, philologie et antiquités assyriennes, archéologie orientale, philologie et antiquités égyptiennes. A cette section est attaché un chef des travaux paléographiques.

Section des sciences mathématiques ; commission de patronage sous la présidence de M. Hermite, de l'Institut.

Section des sciences physico-chimiques : elle comprend les laboratoires des recherches de physique, à la Sorbonne ; d'enseignement de physique, à la Sorbonne; de physique, à l'École normale; de recherches météorologiques au parc de Saint-Maur ; d'enseignement et de recherches cliniques, à la Sorbonne ; de chimie, à l'École normale; de chimie organique, au Collège de France; de chimie organique, à la Sorbonne; de chimie physiologique, de minéralogie, au Muséum d'histoire naturelle; d'enseignement et de recherches pour la minéralogie, de chimie minérale.

Section des sciences naturelles ; elle comprend 27 laboratoires : laboratoires de la Sorbonne, du Collège de France, du Muséum, de l'École pratique de médecine, de la Faculté des sciences de Lille (géologie), laboratoires de zoologie maritime de Wimereux, Ambleteuse, Villefranche, Marseille et Cette, laboratoire de biologie végétale de Fontainebleau.

Section des sciences religieuses : religions des peuples non civilisés, religions de l'Extrême Orient et de l'Amérique indienne, religions de l'Inde, religions de l'Égypte, religions d'Israël et des sémites occidentaux, judaïsme talmudique et rabbinique, islamisme et religions de l'Arabie, religions de la Grèce et de Rome, littérature chrétienne, histoire des dogmes, histoire de l'église chrétienne, histoire du droit canon. Cours libres : histoire des anciennes Églises d'Orient religions de l'ancien Mexique, les *Gesta Martyrum* des premiers siècles.

INSTITUT PASTEUR

RUE DUTOT, 25

Directeur : M. DUCLAUX
Membre de l'Institut.

Sous-directeur : M. ROUX
Membre de l'Institut.

L'Institut Pasteur a été construit à l'aide de fonds provenant d'une souscription nationale qui donna 3 millions. Jusqu'alors le service antirabique avait été installé très à l'étroit, d'abord dans une dépendance de l'École normale supérieure, rue d'Ulm, puis dans des annexes, rue Vauquelin. L'Institut fut inauguré le 14 novembre 1888; il occupe un espace de 11 000 mètres carrés environ et se compose de deux grands corps de bâtiments parallèles. Dans le premier, en façade sur la rue Dutot (style Louis XIII), il renferme l'appartement de la direction, le service de préparation et d'expédition des vaccins, la bibliothèque, les logements des préparateurs; dans le second sont les salles de cours et de travail, le service de la rage, les laboratoires des services de microbie. Récemment, des annexes très importantes ont été élevées, grâce à de généreuses donations, de l'autre côté de la rue Dutot.

Sous le perron, dans la crypte, s'élève le tombeau de Pasteur, par Ch. Girault.

L'Institut est une société civile, reconnue d'utilité publique, et placée sous le contrôle du ministère de l'Intérieur.

Les laboratoires, groupe de cinq services, et pouvant recevoir cinquante personnes, sont mis à la disposition des travailleurs. Pour être admis dans un service, il faut en adresser la demande à la direction de l'Institut, en formulant la nature des recherches et des travaux qu'on se propose de faire. Une fois admis, l'on peut rester à l'Institut un temps indeterminé, à la condition de justifier vis-à-vis du chef de service de travaux continus. Pour travailler dans les laboratoires, il faut payer un droit fixe de 50 francs par mois; cependant la gratuité est accordée par la direction à un certain nombre d'élèves. Les cinq services de l'Institut comprennent : 1° service de la rage; 2° service de microbie générale (M. Duclaux); 3° service de microbie technique (M. Roux), avec un laboratoire annexe pour la diphtérie; 4° service de microbie appliquée à l'hygiène et service des vaccins; 5° service de microbie morphologique et comparée. Le cours de microbie technique n'est pas seulement un service de recherches, il est, de plus, destiné à l'enseignement. Ce cours (professeur : M. Roux) dure six semaines; le droit d'inscription est de 50 francs; les places d'élèves étant limitées, actuellement il faut se faire inscrire deux ans à l'avance :

Le cours de chimie biologique de la Faculté des sciences (professeur : M. Duclaux) se fait à l'Institut Pasteur. Il est public et gratuit, comme tous les cours de la Sorbonne.

Il y a quelques jours a été inauguré l'hôpital Pasteur, élevé près l'Institut, grâce à plusieurs dons généreux.

ÉCOLE NORMALE SUPÉRIEURE

RUE D'ULM, 45

Directeur : M. G. PERROT
Membre de l'Institut.

Cette École est destinée à former des professeurs pour les diverses parties de l'enseignement secondaire (lycées et collèges) et de l'enseignement supérieur de l'État (facultés des lettres et des sciences). Elle relève de la direction de l'enseignement supérieur; dépendant directement du ministère, au budget duquel elle participe, pour l'exercice 1900, pour une somme totale de 515 600 francs (personnel : 316 200 francs;

matériel : 199 400 francs), elle forme à elle seule une sorte de petite université, où l'on étudie à la fois les lettres, la philologie, l'histoire, la philosophie, les langues vivantes (anglais et allemand), les mathématiques, la physique, la chimie, les sciences naturelles.

Recrutement.

Les places d'élèves à l'École normale supérieure sont données à la suite de concours annuels. Le nombre en est déterminé d'après les besoins de l'enseignement. Les candidats (de 18 à 24 ans) doivent être Français et admis à jouir des droits civils. Les épreuves pour l'admission se composent de deux séries : les premières sont subies dans les académies où les inscriptions ont eu lieu ; elles consistent, pour la section des lettres, en une dissertation de philosophie en français, une composition littéraire ou latine, une version latine, une composition littéraire en français, un thème grec, une composition historique ; pour la section des sciences, en une composition de mathématiques, une de physique, et une dissertation en philosophie. Les épreuves orales, subies à l'école même, consistent pour la section des lettres en explications et interrogations sur les textes des auteurs étudiés dans les classes de rhétorique et de philosophie ; pour la section des sciences, en interrogation sur les matières comprises dans les cours de mathématiques spéciales des lycées (mathématiques, physique, chimie).

Le nombre des élèves admis tous les ans est actuellement de 25 dans la section des lettres, de 13 dans celle des sciences ; or, en 1899, on a compté 211 candidats.

Études.

Les élèves des deux sections indépendantes l'une de l'autre : celle des lettres, celle des sciences, passent trois ans à l'École à l'exception des élèves qui se destinent à l'agrégation des sciences naturelles et qui ont un cours d'études de quatre ans. Tous sont boursiers de l'État et internes.

Section des lettres. — La première année est consacrée à la préparation de la licence ès lettres. Le tableau des conférences pour cette année comprend deux séances d'une heure et demie par semaine pour chacun des ordres d'études suivants : langue et littérature grecque, langue et littérature latine, langue et littérature française, philosophie, histoire. Les conférences littéraires ont surtout pour objet la philologie, et il leur est ajouté une conférence de grammaire grecque et latine ; la conférence de philosophie est purement spéculative ; la conférence d'histoire porte uniquement sur l'histoire ancienne. En deuxième année, tous les élèves conservent une conférence commune dans chacun des ordres d'études indiquées pour la première année. Les conférences de littérature et de philosophie ont toutes un caractère historique ; celle d'histoire est consacrée à l'histoire moderne ou contemporaine. Mais déjà les divisions qui se rapportent aux différents ordres d'agrégations littéraires commencent à se marquer ; les futurs candidats aux diverses agrégations ont des conférences spéciales. Les programmes particuliers d'études pour chaque année sont abandonnés au libre choix de chaque professeur : le travail des élèves consiste en leçons et surtout en travaux dont ils choisissent les sujets de concert avec les professeurs. En troisième année, les sections correspondant aux quatre agrégations d'histoire (5 élèves, cette année), de philosophie (3), de grammaire (4), des lettres (9), sont entièrement distinctes les unes des autres. Il n'existe pas officiellement à l'École de section des langues vivantes ; cependant, depuis quelques années, on y a organisé la préparation à l'agrégation d'allemand et à celle d'anglais.

Section des sciences. — Tous les élèves de première année doivent se préparer au certificat de calcul intégral et à celui de physique générale. Pour chacun de ces deux enseignements, ils suivent obligatoirement les cours de la Sorbonne et ont deux conférences par semaine à l'École ; ils ont en outre deux conférences d'histoire naturelle, une manipulation de physique et une d'histoire naturelle. En deuxième année, les élèves se partagent en mathématiciens (7 cette année), physiciens (5) et naturalistes (1). Les mathématiciens préparent le certificat de mécanique rationnelle, et un autre certificat mathématique que chacun choisit à son gré ; les physiciens, le certificat de mécanique rationnelle et celui de chimie générale ; les naturalistes, le certificat de physiologie générale et celui de botanique. En troisième année, mathématiciens et physiciens préparent l'agrégation conformément au programme ; les naturalistes préparent les certificats de géologie et de zoologie, et passent à l'École une quatrième année pour la préparation du programme de l'agrégation.

Bien que l'École n'ait pas le monopole de la préparation au titre d'agrégé, elle contribue pour une grande part, grâce à l'excellence de son recrutement, à tenir très élevé le niveau des concours de l'agrégation, et, du même coup, elle prend une large part au mouvement de l'activité scientifique dans les différentes branches auxquelles touchent ses études.

Historique.

L'École normale est une œuvre de la Convention Celle-ci la fonda, le 9 brumaire an III, pour fournir des maîtres à l'instruction publique réorganisée. Les cours eurent lieu dans l'amphithéâtre du Muséum d'histoire naturelle, au Jardin des plantes. Mais cette fondation n'était que temporaire. Elle disparut au bout de quelques mois, mais après avoir montré pour la première fois en France le haut enseignement scientifique associé à l'enseignement littéraire et confié à des savants de premier ordre, comme Laplace, Lagrange, Hauy et Berthollet. Napoléon Ier, la rétablit en 1808, par le même décret qui organisa l'Université de France, et elle fut ouverte en 1810 ; elle était installée dans une partie du Lycée impérial, puis elle fut transférée, en 1813, dans l'ancien séminaire des Missions du Saint-Esprit, rue des Postes (aujourd'hui rue Lhomond). La Restauration la supprima de 1821 à 1826. Rétablie et réorganisée, on la transféra dans les bâtiments du Collège du Plessis-Sorbonne, compris dans le périmètre actuel du Lycée Louisle-Grand. Elle y demeura vingt ans. Sous le règne de Louis-Philippe, l'architecte Henri de 'Gisors construisit pour l'École de 1841 à 1847, l'édifice où elle fut définitivement installée. En bordure sur la rue d'Ulm, à droite du bâtiment principal, ont été édifiés, en 1865, une série de pavillons; c'est l'un de ces pavillons, le pavillon Sud, qui fut de longues années le laboratoire de Pasteur (plaque commémorative sur le mur extérieur). On a mansardé en 1894 la partie principale de ces pavillons, et c'est là que se trouve aujourd'hui l'infirmerie de l'École. Dans la cour est placé le buste du docteur Louis Thuillier, ancien élève de l'École, mort en 1883 au cours d'une mission scientifique en Égypte, (V. *le Centenaire de l'École normale*, Paris 1895.)

ÉCOLE POLYTECHNIQUE

ENTRE LES RUES DESCARTES (ENTRÉES PRINCIPALES POUR LES ÉLÈVES ET POUR LES ADMINISTRATEURS) CLOVIS, CARDINAL-LEMOINE ET MONGE.

Commandant de l'École : Le général DEBATISSE
Général de brigade d'artillerie.

L'École polytechnique est aujourd'hui une école militaire, dont les meilleurs élèves toutefois sortent dans les carrières civiles; c'est le centre de hautes études scientifiques, où l'État puise ses officiers techniques et ses ingénieurs.

Elle a été réorganisée par le décret du 13 mars 1894.

Recrutement.

Chaque année, le ministre de la Guerre détermine le nombre d'élèves à admettre à l'École; ce nombre peut dépasser d'un dixième le chiffre présumé des emplois dans les services publics qu'il sera possible de donner à ces élèves lors de leur sortie de l'École; il est aujourd'hui de 200 en moyenne. Les candidats au concours annuel d'admission doivent être Français ou naturalisés Français, et âgés de 17 à 21 ans. Leur nombre, qui était de 1669 en 1894, a oscillé, les années dernières, entre 1 050 et 950. Le régime de l'École est l'internat; cependant un certain nombre d'étrangers peuvent être autorisés par le ministre de la Guerre à suivre les cours de l'École comme auditeurs externes, après constatation de leur aptitude par un examen spécial; aucun étranger ne peut être admis comme élève interne. Le concours d'entrée exige des connaissances scientifiques déjà élevées; chaque année, avant le 1er avril, le ministre de la Guerre arrête le programme des matières sur lesquelles doivent porter les examens.

Enseignement et régime intérieur.

La durée des cours à l'École potytechnique est de deux ans; exceptionnellement, autorisation peut être accordée d'accomplir une troisième année d'études. Les élèves sont répartis en deux divisions : la première comprend les élèves qui ont terminé leur première année d'études; la seconde, ceux nouvellement admis. Un conseil de perfectionnement est chargé de la haute direction de l'enseignement de l'École; il coordonne cet enseignement avec celui des écoles d'application; il arrête les programmes des examens et fixe les règles générales de l'emploi du temps des élèves; il comprend, outre le commandant, le commandant en second et le directeur des études de l'École, les généraux présidents des comités de l'artillerie et du génie, le général commandant l'École d'application, des délégués des ministères des Travaux publics, de la Marine, de la Guerre, un délégué du ministère du Commerce ou de celui des Finances, alternativement, deux membres de l'Académie des sciences, deux examinateurs et trois professeurs de l'École. Le personnel enseignant de l'école est composé comme il suit : 2 professeurs d'analyse, 2 de mécanique et de machines, 1 de géométrie descriptive et de stéréotomie, 2 de physique, 2 de chimie, 1 d'astronomie, 1 d'architecture, 1 d'histoire et de littérature ; 1 chef des travaux graphiques, 2 répétiteurs et 2 répétiteurs adjoints d'analyse, 2 répétiteurs et 2 répétiteurs adjoints de mécanique et de machines, 1 répétiteur et 1 répétiteur adjoint de géométrie descriptive et de stéréotomie, 2 répétiteurs et 2 répétiteurs adjoints de physique, 2 répétiteurs et 2 répétiteurs adjoints de chimie, 1 répétiteur et 1 répétiteur adjoint d'astronomie; 1 répétiteur d'architecture, 1 répétiteur d'histoire et de littérature, 1 professeur et 4 maîtres de dessin d'imitation, 1 maître de dessin de machines, 4 maîtres de conférences d'allemand, 5 examinateurs, pour l'analyse, pour la mécanique et les machines, pour la géométrie descriptive, stéréotomie et astronomie, pour la physique, pour la chimie. Les examinateurs des élèves sont chargés des examens à la suite desquels s'établissent, à la fin de chaque année scolaire, les listes de classement pour le passage de la 2e à la 1re division et pour l'admission dans les services publics.

La bibliothèque de l'École est très riche; elle renferme plus de 30 000 volumes.

Les élèves sont casernés et forment quatre compagnies.

L'effectif présent est variable; il est en moyenne de 400 élèves. Cette année, aux vacances, 190 élèves quitteront l'École et seront remplacés à la rentrée par 240 nouveaux venus; en même temps 220 élèves passeront de la 2e à la 1re division. L'effectif actuel est donc de 410 élèves; il sera, en décembre prochain, de 460.

Les élèves sont considérés comme présents sous les drapeaux dans l'armée active, en qualité d'engagés volontaires. Ils reçoivent l'instruction militaire complète et sont assujettis aux obligations et prescriptions édictées par les règlements généraux de l'armée. Dans chaque salle d'études, un élève désigné au commencement de l'année scolaire par le commandant, d'après son rang d'admission ou de classement, est nommé chef de salle; il transmet aux élèves de sa salle les ordres et les communications de l'autorité supérieure; sous les armes, il remplit les fonctions dévolues aux sous-officiers et caporaux d'une compagnie d'infanterie.

Sortie de l'école.

L'école polytechnique est spécialement destinée à former des élèves pour les services ci-après, savoir : 1° l'artillerie de terre, l'artillerie de mer; 2° le génie militaire, le génie maritime; 3° la marine nationale, le corps des ingénieurs hydrographes, le commissariat de la marine; 4° le commissariat des colonies; 5° les ponts et chaussées et les mines; 6° les poudres et salpêtres; 7° les postes et télégraphes; 8° les manufactures de l'État. Enfin, pour les autres services publics qui exigent des connaissances étendues dans les sciences mathématiques, physiques et chimiques.

Les examens de la seconde année et les notes obtenues dans le courant de leurs deux années d'études servent à établir la liste par ordre de mérite des élèves admissibles dans les services publics. Les élèves de seconde année déclarent, avant la fin des examens de sortie, à quel service public ils donnent la préférence, et subsidiairement dans quel ordre leur choix se porterait sur d'autres services. Les listes de classement par ordre de mérite étant établies, les élèves portés sur la liste de sortie sont répartis dans les divers services jusqu'à concurrence des places disponibles; ils sont désignés, suivant leur rang, pour le service qu'ils ont demandé en première ligne, ou, à défaut de place dans ce service, pour celui qu'ils ont indiqué à titre subsidiaire. Les élèves admissibles dans les services publics qui, faute de place, n'ont pu être désignés pour l'un des services énumérés ci-dessus, peuvent être nommés sous-lieutenants dans les corps de l'armée de terre ou de mer autres que ceux indiqués dans cette énumération; ils peuvent aussi être reçus à l'École forestière ou être admis à suivre les cours des écoles civiles d'application.

Il faut remarquer que l'École polytechnique n'est qu'une école préparatoire; elle n'introduit directement dans aucune carrière; elle ne donne accès qu'à des écoles d'application.

Historique.

L'École polytechnique, comme l'École normale supérieure, est une création de la Convention. Elle fut fondée le 21 ventôse an II, sous le nom d'École centrale des travaux publics, et fut d'abord installée au Palais-Bourbon. L'année suivante, le 15 fructidor an III, elle recevait le nom d'École polytechnique. L'Empire, par les décrets des 27 messidor an XII et 22 fructidor an XIII (16 juillet 1804 et 9 septembre 1805), la réorganisa. Transformée en internat militaire, elle fut transportée, en novembre 1804, dans les bâtiments des anciens collèges de Navarre et de Boncourt. Elle ne devait plus quitter cet emplacement. L'état-major de l'École occupe les bâtiments subsistants du collège de Boncourt, reconstruits en partie au xviiᵉ siècle; quant au collège de Navarre, depuis les démolitions de 1883, il est impossible de préciser ses derniers vestiges. La cour actuelle recouvre les fondations du cloître, commencé en 1309, démoli en 1738. De nouveaux bâtiments ont été construits, de 1875 à 1883, sur les rues du Cardinal-Lemoine et Monge; à cause de la grande différence de niveau (environ 9 mètres), existant entre le sol de l'École et celui de la rue Monge, ces bâtiments ont dû être construits sur un fort soubassement. A mesure que ses locaux s'agrandissaient ainsi, l'École Polytechnique était l'objet de réorganisations nombreuses; voici les principaux actes qui portent règlement, depuis 1805, de son organisation intérieure : loi du 14 avril 1832 sur l'avancement dans l'armée; lois des 26 janvier, 3 mai et 5 juin 1850; décret du 15 avril 1873; loi du 15 juillet 1889; décret du 28 septembre 1889; loi du 10 janvier 1890; décret du 1ᵉʳ mars 1890; décret du 26 juillet 1893; loi du 2 mars 1894. (L'*Histoire de l'École polytechnique*, par G. Pinet, Paris, 1887, s'arrête au lendemain de la réorganisation de 1873.) Voir aussi les 2 volumes du Centenaire, l'annuaire de M. Tarry).

ÉCOLE SPÉCIALE DES LANGUES ORIENTALES VIVANTES

RUE DE LILLE, 2 (AU COIN DE LA RUE DES SAINTS-PÈRES)

Administrateur : M. BARBIER DE MEYNARD

Professeur titulaire du cours de turc.

Fondée par un décret de la Convention du 10 germinal an III
(30 mars 1795), qui créa trois classes destinées à l'enseignement : arabe littéral et vulgaire, persan et malais, turc et tar-
tare de Crimée, elle a été réorganisée par l'ordonnance du
22 mai 1838, et le décret du 8 novembre 1869. Aujourd'hui,
elle a pour objet principal de former des élèves drogmans et des
élèves interprètes pour les pays d'Orient; cependant, à côté de
la section diplomatique a été ouverte une section commerciale.
La création de l'École coloniale a donné une importance nouvelle à cette École. Les études y sont gratuites; elles durent
trois ans; elles se terminent par l'obtention de diplômes spéciaux.

En 1899-1900, les cours embrassaient les matières suivantes :
arabe littéral, arabe vulgaire (à cette classe est adjoint un répétiteur indigène), persan, turc (avec un répétiteur indigène),
malais et javanais, arménien, grec moderne, chinois (avec un
répétiteur indigène), japonais (avec un répétiteur indigène),
annamite, hindoustani et langue tamoule; russe (avec un
répétiteur indigène), roumain, géographie, histoire et législation des États de l'extrême-Orient. Les cours complémentaires
sont ceux de géographie, histoire et législation des États musulmans; abyssin, siamois, malgache (avec un répétiteur hova),
dialectes soudanais. La bibliothèque possède environ 20 000
volumes.

ÉCOLE NATIONALE DES CHARTES

A LA SORBONNE, 17, RUE DE LA SORBONNE

Directeur : M. Paul MEYER
Membre de l'Institut.

L'École des chartes a pour objet de préparer les archivistes-paléographes chargés des services publics des archives et des bibliothèques; mais, en outre de la fonction administrative qui lui est proprement assignée, elle remplit, en formant d'érudits historiens qui fouillent surtout le moyen âge, une fonction scientifique de premier ordre. Elle a été fondée par la Restauration, en 1821, et réorganisée par l'ordonnance du 31 décembre 1846.

L'École des chartes ressortit directement au ministère de l'Instruction publique, au budget duquel elle est inscrite (exercice 1900) pour un crédit total de 74 950 francs.

Les conditions d'admission ont été déterminées par un arrêté du 24 juillet 1872, modifié depuis dans quelques détails. Le nombre maximum des élèves admis chaque année à l'École est fixé à 20. Actuellement, l'École compte un total de 63 élèves, dont 28 de première année, 17 de seconde, 18 de troisième. On n'est admis qu'à la suite d'un examen. Cet examen se compose d'une épreuve écrite (version latine, thèse latine, composition sur l'histoire et la géographie de la France avant 1789) et d'une épreuve orale (explication d'un texte latin, interrogations sur l'histoire et la géographie de la France avant 1789) ; il est tenu compte aux candidats de la connaissance de l'allemand, de l'anglais, de l'espagnol ou de l'italien. Le régime de l'école est l'externat.

La durée de l'enseignement est de trois années. Voici le tableau des cours pour l'année 1899-1900. Première année : paléographie, philologie romane, bibliographie et service des bibliothèques. — Deuxième année : diplomatique, histoire des institutions politiques, administratives et judiciaires de la France, sources de l'histoire de France, service des archives. — Troisième année : histoire du droit civil et du droit canonique au moyen âge, sources de l'histoire de France. Des salles d'études sont ouvertes aux élèves de 9 heures du matin à 5 heures. Les études sont couronnées par l'obtention du diplôme d'archiviste paléographe.

L'École des chartes était installée depuis sa fondation rue des Francs-Bourgeois, dans une dépendance des Archives nationales. Elle a été transférée, en janvier 1898, dans les locaux de la nouvelle Sorbonne, entre la cour d'honneur et la rue de la Sorbonne, à côté de l'église. Ainsi elle s'est rapprochée du siège principal de l'Université de Paris, mais elle s'est éloignée des Archives, qui sont le vrai foyer de ses études.

ÉCOLE DU LOUVRE

AU LOUVRE, COUR LEFUEL (ANCIENNE COUR CAULAINCOURT)

Directeur : M. KAEMPFEN

Cette École, fondée par décret du 25 juillet 1882 auprès du Musée du Louvre, est constituée proprement par une série de cours destinés à tirer des collections du Musée les enseignements qu'elles renferment. Ces cours, de plus, ont un objet pratique : former des conservateurs et des bibliothécaires de musées. Le cours d'études est de trois années, au bout desquelles l'École délivre un diplôme à ses meilleurs auditeurs. Les professeurs sont presque tous des conservateurs du Louvre ou d'autres musées nationaux. Voici, pour l'année 1899-1900, le tableau des cours : archéologie nationale, archéologie orientale et céramique antique, archéologie égyptienne; démotique, copte et droit égyptien (langue démotique, langue copte, droit égyptien); épigraphie orientale (épigraphie assyrienne, épigraphie phénicienne et épigraphie araméenne); histoire de la peinture, histoire de la sculpture du moyen âge, de la Renaissance et des temps modernes; histoire des arts appliqués à l'industrie en France.

Ces cours durent de décembre à juin; des auditeurs libres peuvent les suivre.

Un cours analogue sur l'architecture française du moyen âge et de la Renaissance est attaché au *Musée des moulages du Trocadéro*.

ÉCOLE NATIONALE DES PONTS ET CHAUSSÉES

RUE DES SAINTS-PÈRES, 28

Directeur : M. RICOUR
Inspecteur général.

L'École nationale des Ponts et Chaussées prépare à la fois les ingénieurs de l'État et les ingénieurs libres des constructions civiles. L'École et son enseignement ressortissent au budget du ministère des Travaux publics (exercice 1900) pour un crédit total de 238 500 francs.

Recrutement.

L'École a un double recrutement. Elle reçoit d'abord un certain nombre des meilleurs élèves sortants de l'École polytechnique (douze en moyenne; 11 en 1899), désignés au choix du Ministre pas leur numéro de sortie. Ces élèves ingénieurs payés, à leur sortie de l'École des Ponts et Chaussées, entrent seuls dans le corps des ingénieurs des Ponts et Chaussées (service de l'État). Mais l'école reçoit de plus au concours une vingtaine d'élèves externes libres; ils suivent les mêmes cours, dits spéciaux, que les élèves précédents; après leur temps d'études, ils concourent à leur sortie pour le diplôme

spécial d'ingénieur des constructions civiles (carrière civile).
Des cours préparatoires au concours d'entrée de cette deuxième
section, ont été établis dans l'École. Celle-ci, enfin, reçoit des
élèves étrangers.

Enseignement.

La durée des études, pour les cours spéciaux (élèves ingénieurs et élèves externes), est de trois ans. Voici les matières
qui composent l'enseignement de ces cours: 3ᵉ année :
(première classe) cours de construction, chemins de fer; cours
de construction, travaux maritimes ; hydraulique agricole et
urbaine; économie politique ; électricité appliquée; fortifica-
tion; langue allemande : langue anglaise. — 2ᵉ année :
(2ᵉ classe)] mécanique appliquée (hydraulique); cours de
construction, ponts ; cours de construction, navigation intérieure; architecture (emploi du bois et du fer dans les
constructions, décoration des ponts); électricité appliquée;
droit administratif (2ᵉ partie) langue allemande ; langue anglaise.
— (Troisième classe) 1ʳᵉ année : mécanique appliquée, résistance des matériaux); cours de construction, routes, architecture (emploi du bois et du fer dans les constructions); minéralogie et géologie; droit administratif (1ʳᵉ partie); procédés
généraux de construction; matériaux de construction (études
et essais); croquis ; langue allemande ; langue anglaise. Les
cours destinés à la classe d'une année sont obligatoires pour
les élèves de cette classe ; ils sont facultatifs pour les élèves des
autres classes Les leçons de langues étrangères ne sont facul-
tatives que pour les élèves externes et étrangers.

Les élèves étrangers ne peuvent suivre le cours de fortifi-
cation qu'en vertu d'une autorisation spéciale du Ministre.

Des missions d'études dans les départements sont confiés
aux élèves de deuxième et de troisième année, ceux-ci doivent
tenir un journal sur lequel ils consignent les renseignements
qu'ils ont recueillis, les observations qu'ils ont faites, les opérations auxquelles ils ont pris part ; avant de quitter le lieu

de leur mission, ils remettent leur journal à l'ingénieur en chef sous les ordres duquel ils ont été placés. Des missions d'études à l'étranger sont dévolues au choix des élèves, suivant leur rang de classement, à la condition qu'ils possèdent une connaissance suffisante de la langue du pays; les élèves sont tenus de rapporter tous les éléments du journal de mission qu'ils doivent rédiger à leur retour.

Les cours, dits préparatoires, embrassent les matières suivantes : analyse et mécanique (cours et répétitions), géométrie descriptive (application), stéréotomie, architecture, physique et chimie. Dans le courant de l'année, les élèves ont à reproduire un certain nombre d'épreuves au tracé, d'épreuves lavées et de projets d'architecture.

Régime de l'École et Examens.

Pour les élèves ingénieurs, le régime de l'école est assez sévère; pendant toute la durée de la session scolaire, ils doivent être présents tous les jours (à l'exception des dimanches et des fêtes désignées par affiches spéciales), de 8 h. 3/4 à 10 h. 1/2 du matin, de midi 1/2 à 5 h. 1/2 du soir; les autorisations d'absence pour un laps de temps excédant dix jours ne peuvent être accordées que par le Ministre; dans aucun cas un élève ne peut s'éloigner de Paris sans en avoir obtenu l'autorisation régulière. Le classement des élèves est arrêté au conseil de l'École, à la fin de chaque année scolaire. Le rang de classement des élèves est déterminé : par le passage à la première classe, en ajoutant aux points obtenus dans l'année courante la moitié des points obtenus dans les années précédentes, déduction faite des points attribués aux examens de langue dans le classement précédent.

Le conseil de l'École arrête, à la fin de l'année scolaire, le classement des élèves des cours préparatoires, et dresse la liste de ceux qui seront proposés au trimestre pour être admis à suivre les cours spéciaux, comme élèves externes.

En 1899-1900, le nombre total des élèves présentés était

d'une centaine, se répartissant ainsi : cours spéciaux 61, cours préparatoires 31 ; le nombre des élèves ingénieurs était de 34.

Historique.

Cette école est une fondation de l'ancien régime. Créée en 1741, elle a été reconstituée au 1791, sous la Révolution. Elle occupe, depuis 1845, l'ancien hôtel de Fleury (xviiie siècle), œuvre d'Antoine, affecté sous la Restauration au ministère des Cultes, puis au ministère des Travaux publics. De 1860 à 1863, des bâtiments annexes ont été construits sur les jardins de l'ancien hôtel par Godebœuf, et, en 1879, par Faure-Dujarret ; le façade sur la rue du Pré-aux-Clers a été achevée en 1846. Le vestibule d'honneur et l'escalier sont ornés de belles sculptures. Au milieu du jardin se dresse une pyramide, monument commémoratif des anciens élèves, ingénieurs des Ponts morts pour la Patrie pendant la guerre de 1870-1871.

ÉCOLE NATIONALE SUPÉRIEURE DES MINES

BOULEVARD SAINT-MICHEL, 60 ET 62

Directeur : M. HATON DE LA GOUPILLIÈRE
Membre de l'Institut.

L'École des Mines a pour but de former les élèves ingénieurs appelés à recruter le corps national des mines et de donner l'enseignement aux élèves externes qui veulent obtenir le diplôme supérieur d'ingénieur civil des mines, que confère cette école. Elle reçoit, en outre, des élèves étrangers. Elle est placée dans les attributions du Ministre des Travaux publics (exercice budgétaire 1900 : crédit pour l'enseignement de l'École des mines, 252 000 francs).

Recrutement.

L'école a un triple recrutement. Les élèves ingénieurs son
pris exclusivement parmi les élèves sortants de l'École
polytechnique, désignés au choix du Ministre par leurs numéros de sortie; ces élèves reçoivent un traitement. Les élèves
externes entrent à l'école par les cours préparatoires; l'admission à ces cours a lieu par voie de concours (100 candidats
en moyenne, 25 admissions). Un arrêté ministériel détermine
les conditions dans lesquelles les élèves externes passant des
cours préparatoires dans les cours spéciaux, redoublent
l'année préparatoire ou sont exclus de l'école. De plus, le
ministre peut admettre directement aux cours spéciaux, à titre
également d'élèves-externes, des élèves de l'École polytechnique ayant satisfait aux examens de sortie de cette école, soit
dans l'année précédente, soit dans l'année même s'ils n'ont pas
à faire une année de service militaire; le nombre des élèves à
admettre ainsi est déterminé d'après les places disponibles et
les notes obtenues à la sortie de l'école (3 à 5, en moyenne.)
Quant aux élèves étrangers, ils sont admis, après examen, soit
dans les cours préparatoires, soit dans les cours spéciaux;
le nombre des admissions reste subordonné aux places disponibles dans les salles de cours. Enfin, des auditeurs libres, nos
élèves de l'école peuvent être autorisés à suivre les leçons de
certains cours publics.

En 1899-1900, le nombre des élèves se décomposait ainsi :
Cours spéciaux : Élèves-ingénieurs 12, élèves externes 96,
élèves étrangers 25. — Cours préparatoires : français 38,
étrangers 14.

Enseignement.

Le cours complet d'études, en dehors de l'enseignement préparatoire, a une durée de trois ans. Les cours professés en première année sont ceux de : Exploitation des mines, métal-

lurgie, analyse minérale, chimie industrielle minérale, minéralogie, paléontologie ; il est fait, de plus, des leçons de
paléontologie végétale. En deuxième année sont professés les
cours de métallurgie, analyse minérale, géologie générale,
machines, chemins de fer; il est fait, de plus, des leçons de
topographie et de pétrographie. Les cours professés en troisième année sont ceux de : géologie appliquée, construction,
électricité industrielle, législation, économie industrielle; il
est fait, de plus, des leçons sur la construction des machines.
Les leçons d'allemand et d'anglais sont communes aux trois
années. L'enseignement de l'école est complété par des exercices pratiques, qui consistent en : travaux chimiques (et spécialement analyses de substances minérales et de produits
métallurgiques); travaux de minéralogie et de pétrographie ;
études sur des collections spéciales, dessins et projets relatifs
au cours d'exploitation des mines, de métallurgie et de
machines ; Levers de machines ; levers de plans superficiels et
souterrains, visites industrielles, courses géologiques.

Enfin, une deuxième partie du système d'instruction de
l'école est constituée par les voyages d'instruction. Les élèves-
ingénieurs de 1re année doivent aller passer un mois dans un
district minier et métallurgique de France ; les élèves externes
doivent faire un voyage d'instruction, ou de préférence un
séjour d'un mois dans un district minier et métallurgique de
France ou de Belgique. Après les examens de 2e et de 3e année,
les élèves-ingénieurs font deux voyages de cent jours chacun,
le premier en France et à l'étranger, le deuxième à l'étranger.
Les élèves externes doivent accomplir un pareil voyage d'instruction après les examens de 2e année. Après chaque voyage,
ils doivent remettre un journal détaillé.

L'enseignement préparatoire comprend les cours suivants :
analyse et géométrie descriptive, mécanique, physique, chimie
générale, et, en outre, des leçons de langue allemande ou
anglaise; il comprend encore divers travaux pratiques : dessin
géographie, lavis, croquis, cotes de pièces de machines, manipulations chimiques.

Collections et Bureau d'essais.

A l'École des Mines sont annexés : 1° un musée composé de collections relatives aux sciences et arts qui intéressent l'industrie minérale ; 2° un bureau d'essais chargé de l'analyse chimique des substances employées ou produites dans l'industrie minérale.

Le musée comprend de très riches collections de : minéralogie (quelque 100 000 échantillons), paléontologie (qui occupe une superficie de 950 mètres carrés), paléontologie végétale, géologie, statistique départementale, gîtes minéraux, métallurgie, modèles (représentation ou relief de couches ou filons, de leur système d'exploitation, de puits, d'appareils divers de mines et d'usines, bocards, fourneaux, etc.). Ces collections sont ouvertes aux élèves et au public trois fois par semaine pendant tout le cours de l'année. Au bureau d'essais, des chimistes ou aides-chimistes, au nombre de deux ou de trois, concourent à l'exécution des analyses sur les indications du directeur du service ; le compte rendu des travaux est publié, chaque année, dans le *Journal Officiel*. Depuis 1895, le nombre annuel des analyses est toujours resté supérieur à mille ; voici les catégories d'échantillons analysés : minerais de fer, de manganèse, de cuivre, plomb, argent, or ; autres minerais métalliques, combustibles, métaux et alliages ; argiles, kaolins ; calcaires, chaux et ciments ; eaux minérales et eaux douces ; phosphates, engrais, terres.

Historique.

Fondée en 1783, placée auprès de la Monnaie, l'École des Mines demeura dans cette première installation jusqu'en 1794. A cette date, la Convention la réorganisa et la plaça dans le bâtiment actuellement occupé par la Dépôt de la guerre, rue de l'Université (hôtel de Mouchy). De 1802 à 1814, l'École dite du Mont-Blanc, fut transférée à Pezey, ou plus exactement à Moutiers, en Savoie. Elle revint à Paris en 1815, et fut installée alors dans l'ancien hôtel de Vendôme, construit par Courtonne en 1706 pour les Chartreux, et qui borde actuellement, à l'Est, le jardin du Luxembourg. Les bâtiments ont été remaniés, agrandis de 1838 à 1848, et de 1860 à 1863 ; leur façade occupe, sur le boulevard Saint-Michel, une longueur de près de 200 mètres. En 1844 ont été organisés les cours préparatoires (il en avait existé sous l'ancien régime et dans les premiers temps de la Convention) ; en 1845 était fondé le bureau d'essais. (V. *l'École des Mines*, par Aguillon, Paris 1889, 2 volumes.)

ÉCOLE D'APPLICATION DU GÉNIE MARITIME

140, BOULEVARD MONTPARNASSE

Directeur : M. CLAUZEL

Cette école, dirigée par un directeur des constructions navales ou par un officier supérieur du génie maritime, a pour but spécial de former les ingénieurs nécessaires au recrutement du corps du génie maritime. Ce corps est chargé de la construction des navires, machines et objets divers composant le matériel naval, à l'exception du matériel d'artillerie.

Ses élèves titulaires sortent tous de l'École polytechnique. Ce sont les jeunes gens qui, à leur sortie de cette dernière école, ont pu, en raison de leur rang de classement, être nommés par le ministre élèves du génie maritime. Leur nombre est en moyenne, chaque année, de cinq ou six. Ils sont externes, et reçoivent un traitement de 1 800 francs. Le cours des études comprend deux sessions d'hiver. Les leçons orales ont pour objet les matières suivantes : construction du navire, machines à vapeur, théorie du navire, technologie, résistance des matériaux, artillerie navale, régulation des compas, comptabilité, langue anglaise. Les deux sessions sont suivies chacune d'une mission dans les arsenaux et établissements divers de la marine; les élèves en rapportent des journaux-rapports, qui sont notés. Les études se terminent par un examen de sortie, à la suite duquel les élèves titulaires méritants sont nommés sous-ingénieurs de 3e classe du corps du génie maritime.

A côté des élèves titulaires, tous sortis de l'École polytechnique, des jeunes gens, nationaux ou étrangers, justifiant d'une instruction suffisante, peuvent être autorisés par le Ministre à suivre les cours techniques oraux de l'école d'application. Ils reçoivent à leur sortie, s'ils le méritent, un diplôme spécial d'ingénieurs maritimes.

Le corps des ingénieurs constructeurs a été réorganisé par le Consulat (7 thermidor an VIII); en l'an X, leur école fut transférée de Paris à Brest. Napoléon établit une école de génie maritime à Anvers. L'école fut successivement transférée à Lorient (28 mars 1830); à Paris (11 avril 1854), où elle fut installée d'abord au Dépôt des Cartes, puis rue de Lille, 2; à Cherbourg (8 février 1872) et de nouveau à Paris (29 janvier 1882), où elle occupa d'abord un immeuble du quai de la Tournelle. Son organisation a été fixée par la loi du 27 juillet 1872, complétée par l'arrêté du 1er mars 1876.

ÉCOLE CENTRALE DES ARTS ET MANUFACTURES

RUE MONTGOLFIER, 1

Directeur : M. BUQUET

L'École centrale des arts et manufactures est spécialement destinée à former des ingénieurs pour toutes les branches de l'industrie et pour les travaux et services publics dont la direction n'appartient pas nécessairement aux ingénieurs de l'État.

Recrutement.

Nul n'est admis à l'école que par une série de concours. Les épreuves consistent en compositions écrites et en examens oraux, qui roulent sur les matières suivantes : langue française, arithmétique, géométrie élémentaire, algèbre, trigonométrie rectiligne, géométrie analytique, géométrie descriptive, physique, chimie, histoire naturelle, dessin à main levée, dessin au trait, lavis. Les compositions écrites peuvent s'appliquer à toutes les divisions du programme. Les compositions graphiques que les élèves auront à faire sous les yeux des inspecteurs de l'École comprendront une épreuve de géométrie descriptive, une feuille de dessin. Deux réunions de concours ont lieu chaque année, vers le 1er août et vers le 10 octobre. Le nombre des élèves admis chaque année est d'environ 250. Parmi les candidats, beaucoup ont échoué à l'École polytechnique ou ont dépassé la limite d'âge pour celle-ci ; un certain nombre sont des anciens élèves des écoles des arts et métiers.

Régime de l'École et Enseignement.

Le régime de l'École est l'externat. Le nombre total des élèves est d'environ 640 (250 de première année, 200 en seconde, 190 en troisième). La durée des études est de trois ans. Le prix total de l'enseignement, frais de manipulation, travaux pratiques, etc., s'élève à 900 francs en première année, à 1 000 francs en seconde et en troisième. Mais des subventions, dont la somme peut dépasser le prix de l'enseignement, peuvent être accordées sur les fonds de l'État aux élèves français qui se recommandent à la fois par l'insuffisance des ressources de leurs parents et par leur rang de classement. Les élèves séjournent à l'École de 8 heures du matin à 4 heures du soir.

Le conseil de l'École, qui se compose des professeurs de sciences industrielles, arrête le programme d'admission, les programmes des cours et des travaux.

La première des trois années d'études est principalement consacrée à l'étude des sciences générales et de quelques-unes de leurs applications les plus élémentaires ; les deux autres, à l'étude des sciences appliquées à l'industrie. Pendant ces deux dernières années, les élèves sont partagés, pour les travaux pratiques, en quatre sections : constructeurs, mécaniciens, métallurgistes, chimistes ; ils continuent cependant à suivre tous les cours et à subir les examens correspondants. Voici le programme des cours. Première année : analyse et mécanique générale, géométrie descriptive, physique générale, chimie générale, cinématique, construction des machines, hygiène et histoire naturelle appliquée, minéralogie et géologie, architecture, botanique, zoologie, dessin industriel, dessin d'ensemble. — Deuxième année : mécanique appliquée, résistance des matériaux employés dans les machines et dans les constructions, construction et établissement des machines, chimie analytique, chimie industrielle minérale, métallurgie, constructions civiles, physique industrielle, législation industrielle, céramique, teinture, art de la verrerie. — Troisième année : mécanique appliquée, construction et établissement de machines, chimie industrielle et agricole, métallurgie générale et métallurgie du fer, exploitation des mines, travaux publics, chemins de fer.

Pendant les vacances qui suivent la première année, les élèves doivent faire des levées de bâtiments et des levées de machines ; pendant celles qui suivent la deuxième année, ils doivent visiter diverses usines ; à la rentrée à l'école, ils ont à remettre sur ces visites mémoires, croquis et dessins.

Un trait caractéristique de l'enseignement de l'École centrale est l'entraînement méthodique et continu par un très grand nombre d'examens intérieurs, d'interrogations qui constituent une sorte de concours permanent. Au bout de la première année, un cinquième environ des élèves reçus sont éliminés pour le passage en seconde année ; d'autres encore restent plus tard en chemin. A la fin de la troisième année a lieu le concours de sortie ; pour le classement définitif, on attribue 3/10 au chiffre du concours, 4/10 aux notes de troisième année, 2/10 aux notes de deuxième année, 1/10 aux notes de première année. Il y a quatre sortes de diplômes :

ingénieur mécanicien, constructeur (ce sont les deux diplômes les plus recherchés), métallurgiste, chimiste. Les élèves qui n'ont pu obtenir que le certificat de capacité peuvent concourir une seconde fois pour le diplôme d'ingénieur.

Historique.

L'École centrale a été fondée en 1829, sous la Restauration, par une société privée qui prit pour modèle l'ancienne École centrale des travaux publics (École polytechnique) de la Révolution. A l'origine il n'y avait que neuf cours, et les études ne duraient que deux ans. Le 13 avril 1857, le directeur-fondateur, M. Lavallée, céda l'École à l'État ; mais l'École conserva une grande autonomie. Un règlement général fut établi le 24 mai 1862 ; on put dédoubler les cours communs, en fonder de nouveaux ; depuis, le nombre des candidats n'a cessé de s'accroître et le niveau des études de s'élever. Longtemps l'École centrale a occupé, à l'angle des rues Coutures-Saint-Gervais et de Thorigny, un des plus beaux hôtels du Marais, l'ancien hôtel de Juigné (bâti en 1626). Des agrandissements l'amenèrent jusqu'à la rue de la Perle et jusqu'à la rue Vieille-du-Temple. De 1882 à 1884, on éleva derrière le Conservatoire des arts et métiers, sur l'emplacement de l'ancien marché Saint-Martin, les vastes bâtiments de l'école actuelle ; ils comprennent tout l'espace entre les rues Montgolfier et Vaucanson, Conté, Ferdinand Berthoud. C'est un énorme bloc de bâtisses élevées autour d'une cour centrale.

INSTITUT NATIONAL AGRONOMIQUE

Directeur : M. RISLER
Directeur des études : M. WÉRY

L'Institut, qui a pour but, à la fois, de donner aux agriculteurs les connaissances scientifiques nécessaires pour une meilleure exploitation du sol et de former des professeurs d'agriculture, des directeurs de stations agronomiques, des ingénieurs agricoles, des administrateurs compétents pour les forêts, les haras, avait été créé à Versailles, en 1846, par la deuxième République. Supprimé par l'Empire en 1852, il ne fut rétabli qu'en 1876 par la troisième République, qui l'installa d'abord provisoirement au Conservatoire des arts et métiers, puis définitivement, en 1890, sur l'emplacement de l'ancienne École de pharmacie.

L'enseignement qu'on y donne à des élèves admis au concours et âgés au moins de 17 ans consiste en cours, conférences, démonstrations pratiques de chimie et d'agriculture, exercices agricoles, botanique, visites aux fermes et stations agricoles, etc. Il dure deux ans, à la fin desquels les élèves obtiennent soit un diplôme d'ingénieur agronome, soit un certificat d'études. De plus, des auditeurs libres peuvent suivre les cours sans conditions d'âge ni examens.

Voici la liste des cours professés à l'école :

. Physique et météorologie, zoologie, minéralogie, géologie, économie rurale, microbiologie, cultures coloniales, législation rurale de droit administratif, analyse et démonstration chimiques, mécanique hydraulique agricole, mathématiques, technologie agricole, zootechnie, chimie, laboratoire de chimie, dessin, botanique, anatomie, sylviculture, chimie agricole, agriculture, viticulture, machines agricoles.

ÉCOLE LIBRE DES SCIENCES POLITIQUES

RUE SAINT-GUILLAUME, 27

Directeur : M. E. BOUTMY
Membre de l'Institut.

L'École libre prépare aux carrières suivantes : diplomatie (ministère des Affaires étrangères, légations, consulats), Conseil d'État (auditorat de 2e classe), administration (adminis-

tration centrale et départementale), contentieux des ministères, (sous-préfectures, secrétariats généraux de département,
conseil de préfecture), inspection des finances, Cour des
comptes, gouvernement général de l'Algérie (administration
centrale, administration des communes mixtes), protectorat de
la Tunisie (service du contrôle), entreprises financières, industrielles et commerciales en France, à l'étranger et dans les
colonies.

L'École reçoit des élèves et des auditeurs, les uns et les
autres admis sans examen, et n'ayant à justifier d'aucun grade
universitaire. Les inscriptions sont payantes, l'enseignement
comprend un ensemble de cours répartis en deux années,
soutenus et complétés par des conférences d'enseignement,
des conférences de revision et d'interrogation, les cours sont
divisés en quatre sections : administrative, économique et
financière, diplomatique, générale (droit public et histoire). Les
cours réguliers sont, pour chacune de ces quatre sections, les
suivants : 1° organisation administrative comparée, matières
administratives, finances publiques, économie politique, commerce extérieur et législation douanière, histoire constitutionnelle de l'Angleterre et des États-Unis, de l'Europe continentale,
histoire constitutionnelle, parlementaire et législative de la
France depuis 1789, allemand ou anglais ; 2° Économie politique
finances publiques, commerce extérieur et législation douanière, monnaie, crédit et change, géographie commerciale et
statistique, affaires de banque, organisation administrative
comparée, matières administratives, législation commerciale
et maritime comparée, allemand ou anglais; 3° Géographie
et ethnographie, histoire diplomatique de 1713 à 1789, de 1789
à 1878, affaires d'Orient, tableau de l'Europe contemporaine,
histoire de l'état des paix et de l'état de guerre au XIXᵉ siècle,
droit international, droit de gens, géographie commerciale et
statistique, allemand ou anglais; 4° législation civile comparée,
histoire constitutionnelle de l'Angleterre et des États-Unis, de
l'Europe continentale, histoire constitutionnelle, parlementaire
et législative de la France depuis 1789, histoire diplomatique

de 1789 à 1878, tableau de l'Europe contemporaine, histoire des idées politiques et de l'esprit public pendant les deux derniers siècles, les grands hommes d'État du xix° siècle.

Les élèves sont seul admis à briguer, en fin d'étude, le diplôme de l'École.

ÉCOLE NATIONALE ET SPÉCIALE DES BEAUX-ARTS

RUE BONAPARTE, 14

Directeur : M. Paul DUBOIS
Membre de l'Institut.

L'École nationale et spéciale des Beaux-Arts donne l'enseignement des arts du dessin, de la peinture, de la sculpture, de l'architecture, de la gravure en taille-douce, de la gravure en médailles et en pierres fines. Elle comprend d'abord les élèves de l'École proprement dite ; mais ses ateliers sont fréquentés et ses cours sont suivis par un grand nombre d'élèves libres. Ces derniers (1 500 peut-être), candidats pour la plupart au concours d'entrée de l'École proprement dite, ne participent pas aux séries de concours annuels. Nous ne parlerons donc ici que des premiers.

Recrutement.

L'École proprement dite est divisée en trois sections : peinture, sculpture, architecture. A la section de peinture se rattache la gravure en taille-douce ; à la section de sculpture, la gravure en médailles et en pierres fines. Nul ne peut être admis dans ces sections qu'après examen. Les épreuves comprennent, pour la peinture : une figure dessinée d'après la nature ou l'antique, un dessin d'anatomie, un dessin de perspective, un fragment de figure modelé d'après l'antique, une étude élémentaire d'architecture, un examen sur les notions générales de l'histoire; pour la sculpture : une figure modelée d'après la nature ou l'antique, un dessin d'anatomie, un fragment de figure dessiné d'après l'antique, une étude élémentaire d'architecture, un examen sur les notions générales de l'histoire; pour l'architecture : une composition d'architecture, le dessin d'une tête ou d'un ornement d'après le plâtre, le modelage d'un ornement en bas-relief d'après le plâtre, des exercices de calcul (dont un calcul logarithmique), une épreuve de géométrie descriptive appliquée à une projection d'architecture, un examen oral et une composition écrite sur les notions d'histoire générale.

Depuis 1898, les femmes sont admises à l'École au même titre que les hommes.

Actuellement (1900), le nombre des élèves inscrits à l'École proprement dite est de 1 450 en chiffre rond; ce chiffre se décompose comme il suit : peintres 400, sculpteurs 250, architectes de 2ᵉ classe 422, architectes de 1ʳᵉ classe 386. Mais, avons-nous dit, pour avoir le chiffre de la population totale de l'École, il faut ajouter les 1 500 élèves libres.

Enseignement.

Section de peinture et de sculpture. — Cours de dessin et de sculpture de l'École proprement dite : B.-B. Bouguereau, J.-B. Laurens, L.-O. Merson, Cormon, Humbert, professeurs peintres; Mercié, Marqueste, Injalbert, Coutan, Hugues, professeurs sculpteurs; séances séparées pour les femmes et pour les hommes. — Cours de sculpture sur pierre et sur marbre. — Cours oraux : anatomie, histoire et archéologie, perspective, esthétique et théorie de l'art.

Section d'architecture. — Cours de dessin ornemental (corrections dans les galeries). —Cours oraux: mathémathiques, géométrie descriptive, stéréotomie et levé de plans, physique, chimie et géologie; construction, perspective; législation du bâtiment; histoire de l'architecture; histoire de l'architecture française au moyen âge et à la Renaissance; théorie de l'architecture.

Cours oraux communs aux trois sections : histoire générale, littérature.

Enseignement simultané des trois arts : dessin, modelage, architecture élémentaire, composition décorative (ces quatre cours ont lieu tous les jours.)

Ateliers : peinture (B.-B. Gérôme, Bonnat), sculpture (B.-B Thomas, Barrias), architecture, gravure en taille-douce, gravure en médailles et en pierres fines.

Dans chaque section, des concours d'émulation, des concours publics spéciaux, des examens pour l'obtention des certificats d'études sont organisés annuellement. De plus, pour l'architecture, il existe un passage de la deuxième classe à la première, et l'obtention d'un diplôme final. Enfin, un grand nombre de fondations et de legs importants ont permis d'accroître encore le nombre des concours réguliers.

Collections et Œuvres d'art.

Les collections comprennent : un musée de plâtres moulés sur les chefs-d'œuvre de l'antiquité, du moyen âge et de la Renaissance; un musée de copies exécutées d'après les œuvres des grands maîtres; les ouvrages qui ont obtenu le grand prix de Rome; les ouvrages ayant obtenu la première médaille dans les concours semestriels, la première seconde médaille dans les concours de figure ou de composition, etc.; une réunion de pièces diverses et de dessins devant servir à la démonstration dans les cours d'anatomie, de géométrie descriptive, de stéréotomie, de physique, de chimie, de construction; des objets d'art donnés ou légués à l'École. Ces collections, ouvertes pour l'étude pendant la semaine aux élèves de l'École proprement dite et des ateliers, sont publiques le dimanche.

L'intérieur de l'École, au reste, forme un musée des plus intéressants. A gauche de la première cour, dans une série de fausses baies, sont placées des sculptures des xve et xvie siècles provenant de l'hôtel de la Trémouille, démoli en 1841 ; à droite, le portail de la cour intérieure du château d'Anet (xvie siècle), chef-d'œuvre de Jean Goujon et de Philibert Delorme. Au fond du vestibule des Écoles se trouve le monument d'Ingres, par Eugène Guillaume ; dans la galerie ouest, le monument élevé à Henri Regnault et aux autres élèves de l'École tués à l'ennemi en 1870-71. Entre les deux cours, une arcade provenant du château de Gaillon (xvie siècle). Au premier étage, la salle Victor-Schœlcher renferme une magnifique cheminée ornée de figures d'anges par Germain Pilon. Telles sont les principales des très nombreuses richesses de l'École.

Historique.

Les cours donnés par l'Académie royale de peinture et de sculpture et par l'Académie d'architecture ont été fondus par la Convention, en 1725, dans l'École des Beaux-Arts, à laquelle on attribua l'ancien monastère des Petits-Augustins, dont une partie était devenue le Muséum des monuments français. En 1815, ce Muséum fut supprimé, et les locaux qu'il occupait réunis à ceux de l'École des Beaux-Arts. Leur appropriation ne fut achevée que sous Louis-Philippe, par Duban. La façade du bâtiment principal, due à Duban, est fort admirée ; le bâtiment a 73 mètres de façade, 47 mètres de profondeur. L'architecte n'avait conservé que la chapelle (exposition des moulages des sculptures de la Renaissance). En 1862, il construisit en annexe, sur le quai Malaquais, la salle de Melpomène, où, à l'époque des concours, sont exposées les œuvres des élèves. En 1885, on a réuni à l'École l'hôtel de Chimay (quai Malaquais, 17), construit par Mansart. A gauche du bâtiment principal, un corps de bâtiment élevé de plusieurs étages est affecté spécialement aux élèves, et contient les « loges » des concurrents.

ÉCOLE SPÉCIALE D'ARCHITECTURE

BOULEVARD MONTPARNASSE, 136

Directeur : M. Éм. TRÉLAT

C'est une école libre ; mais elle est reconnue d'utilité publique et subventionnée par l'État. Elle a pour objet de former des architectes ; ses programmes sont conçus dans un esprit particulièrement pratique ; ils font une large part aux considérations d'hygiène.

Un examen d'entrée, qui a lieu en octobre, doit être subi par tous les candidats ; voici les matières sur lesquelles il porte : le dessin d'après un ornement en relief, le dessin (plan, coupe, élévation) d'un édifice rendu sur un croquis coté, composition française, examen oral (arithmétique, géométrie, algèbre, géométrie descriptive, géographie). Il n'y a pas pour les candidats de limite d'âge. Les étrangers sont admis à concourir. A part les élèves réguliers, des auditeurs libres peuvent être autorisés par les divers professeurs à suivre les cours. La durée des études est de trois ans. Des épreuves très fréquentes permettent un classement constant des élèves. Ceux qui ont satisfait à toutes les épreuves réglementaires prennent part, à la fin de la troisième année, à un concours général, d'après les résultats duquel est établi le classement général de sortie. C'est d'après ce classement qu'est attribué le diplôme de l'École spéciale.

Le régime de l'École est l'externat : les frais d'études sont de 850 francs par an ; la ville de Paris a institué auprès de l'École spéciale d'architecture un certain nombre de bourses. Les cours et ateliers restent ouverts du 10 novembre au 10 août.

ECOLE NATIONALE DES ARTS DÉCORATIFS

RUE DE L'ÉCOLE-DE-MÉDECINE, 5 (POUR LES JEUNES GENS)
ET RUE DE SEINE, 10 (POUR LES JEUNES FILLES)

Directeur : M. LOUVRIER DE LAJOLAIS
Sous-directeur pour les jeunes gens : M. CH. GÉNUYS
Sous-directeur pour les jeunes filles : M. PAUL COLIN

L'École nationale des arts décoratifs a été créée en 1766, par lettres patentes de Louis XV, en faveur et sur la demande des six corps de métiers de la ville de Paris ; elle s'appela alors École royale gratuite de dessin. On n'y recevait que les jeunes gens. En 1768, cette École s'installa dans les locaux laissés vides par l'Académie royale de chirurgie, qui allait occuper non loin de là de nouveaux bâtiments (aujourd'hui École de médecine). Ces locaux consistaient en un amphithéâtre assez grand, construit de 1691 à 1694, et qui est considéré comme un des plus beaux spécimens de l'architecture du xviiᵉ siècle (au-dessus de la porte, dôme à huit pans). Le portique richement ornementé qui donne accès dans la cour est une œuvre très originale de Constant Dufeux.

L'École gratuite de dessin pour les jeunes filles fut fondée en 1803 : les deux Écoles n'ont fusionné qu'en 1890.

Aujourd'hui, l'École a pour objet propre de former des artistes pour les industries d'art. Les deux sections, jeunes gens, jeunes filles, ont un programme d'enseignement identique. Les élèves apprennent dans les divisions élémentaires : mathématique, dessin géométrique, dessin d'ornement et de fleurs, dessin de figures et d'animaux, sculpture ; dans les divisions supérieures : architecture et construction, dessin d'architecture, dessin d'après la bosse, l'antique ou le modèle vivant, sculpture, anatomie, composition de l'ornement ; aux cours sont adjoints des ateliers de décoration appliquée. Les jeunes gens sont reçus à partir de 10 ans (14 pour les cours du soir), les jeunes filles, à partir de 12 ans. L'enseignement est gratuit.

CONSERVATOIRE NATIONAL DE MUSIQUE ET DE DÉCLAMATION

RUE DU CONSERVATOIRE ET FAUBOURG POISSONNIÈRE, 15

Directeur : M. Th. DUBOIS
Membre de l'Institut.

La création du Conservatoire national de musique et de déclamation date de la Révolution. Il existait bien, auparavant, une école de chant, fondée par Lulli en 1672, mais elle était particulière à l'Académie royale de musique, et pendant un siècle ne forma de chanteurs que pour l'Opéra. Transformée en 1784 en École royale de chant et de déclamation lyrique ; complétée en 1786 par l'adjonction d'une classe de déclamation dramatique, l'institution, vieillie, démodée, ne prospérait plus guère lorsque Paris entra dans la période révolutionnaire.

Au contraire, le succès alla tout de suite à l'École gratuite de musique que, justement à cette époque, institua la municipalité parisienne. Celle-ci avait pris à sa charge une cinquantaine de musiciens et élèves du dépôt des gardes françaises, elle en fit un cours de professeurs, et dès 1792, l'École de musique de la garde nationale comptait 120 élèves.

C'est de cette École nouvelle, fondue, amalgamée avec l'ancienne École royale, qu'est sorti en 1793 le Conservatoire. La Convention qui opéra cette fusion donna d'abord au nouvel établissement le nom d'Institut national de musique, puis en 1755, lorsqu'elle l'organisa définitivement, celui de Conservatoire de musique.

Depuis, et jusqu'à ces dernières années, le Conservatoire, que dirigèrent successivement Sarrette (1795-1815), Perne (1815-1822), Cherubini (1822-1842), Auber (1842-1871), Ambroise

Thomas (1871-1896) et enfin M. Th. Dubois, n'avait subi que peu de changements ; en 1806 seulement, un décret y avait établi pour 12 à 13 hommes et 6 élèves femmes un pensionnat, qu'on supprima en 1870. Mais en 1896, un autre décret a modifié son fonctionnement, fixant à nouveau son mode d'administration intérieure, le nombre et la nature de ses cours, etc.

Il comprend aujourd'hui deux écoles, l'une de musique, l'autre de déclamation, où l'enseignement gratuit est donné à plus de 700 élèves, une bibliothèque et un musée. Le directeur, nommé par décret, administre seul, mais il est assisté pour l'enseignement d'un conseil « facultatif » d'études musicales et d'un autre des études dramatiques, dont la composition a été fixée par le décret de 1896. L'enseignement est gratuit, et voici la composition actuelle du corps enseignant :

Composition, contre-point, fugue : MM. G. Fauré, Lenepveu, Widor.

Harmonie (hommes) : MM. Lavignac, Leroux, Pessard, Taudou.

Harmonie (femmes) : MM. Chapuit et Rousseau.

Histoire de la musique : M. Bourgault-Ducoudray.

Solfège (hommes) : MM. de Martini, Rougnon, Schvartz.

Solfège (femmes) : M. Mangin, MM^{mes} Hardouin, Leblanc, Marcou, Renart, Roy.

Chant : MM. Archainbaud, Bussine, Crosti, Duprez, Ed. Duvernoy, Masson, Vergnet, Warot.

Ensemble vocal : M. G. Marty.

Opéra : MM. Giraudet, Melchissédec.

Opéra-Comique : MM. Achard, Lhérie.

Déclamation dramatique : MM. de Féraudy, Le Bargy, Leloir, Paul Mounet, Silvain, Worms.

Histoire et littérature dramatiques : M. Marcel Fouquier.

Maintien théâtral : M. de Soria, Mme Parent.

Escrime : M. Mérignac.

Ensemble instrumental : M. Charles Lefebvre.

Orgue : M. Guilmant. *Piano :* MM. de Bériot, Diémer, Delaborde, Alph. Duvernoy, Pugno. *Harpe* : M. Hasselmans. *Violon* : MM. Berthelier, Lefort, Marsick, Rémy. *Alto* : M. Laforge. *Violoncelle* : MM. Loeb,... *Contre-basse* : M. Viseur. *Flûte* : M. Taffanel. *Hautbois* : M. Gillet. *Clarinette* : M. Rose. *Basson* : M. E. Bourdeau. *Cor* : M. Brémond. *Cornet à pistons* : M. Mellet. *Trompette* : M. Franquin. *Trombone* : M. Allard.

La bibliothèque se composa d'abord des livres et partitions réunis par suite de séquestre mis sur les biens d'émigrés ; on y joignit plus tard de nombreuses partitions venant de Versailles et des Tuileries. Les dons et acquisitions faits depuis en sa faveur ont porté à 22 000 le nombre des volumes ou partitions que renferme aujourd'hui la bibliothèque.

Quant au musée, il possède la plus riche collection qui existe d'instruments anciens et modernes européens et exotiques. On y peut voir, entre autres, le piano d'Auber et une série de superbes violons de Stradivarius.

ÉCOLE D'ANTHROPOLOGIE

RUE DE L'ÉCOLE-DE-MÉDECINE, 15

Directeur : M. le Dr THULIÉ

L'École d'anthropologie de Paris est une école libre, mais reconnue d'utilité publique et subventionnée. Elle occupe des locaux dépendants de l'École de médecine (École pratique).

Cette école, ou, plus exactement, l'Association pour l'enseignement des sciences anthropologiques, a pour but de répandre la connaissance de ces sciences par des cours publics, des conférences, des démonstrations, des excursions et par tous autres moyens. Le nombre des cours et conférences est allé toujours en croissant. Aujourd'hui, les principales matières de l'enseignement de l'école sont les suivantes : anthropologie pathologique ; anthropogénie et embryologie ; ethnologie ; anthropologie biologique : linguistique et ethnographie ; sociologie (histoire des civilisations) ; anthropologie zoologique ; anthropologie physiologique ; ethnographie comparée ; anthropologie préhistorique ; anthropologie géographique. Les élèves qui fréquentent ces cours sont surtout des étudiants en médecine et en sciences. Ces cours, publics et gratuits, ont lieu du mois de novembre au mois d'avril. Des certificats d'assiduité peuvent être délivrés aux auditeurs qui se font inscrire au secrétariat ; ces certificats ont pu être utilisés, en France et surtout à l'étranger, par un certain nombre d'auditeurs, à l'appui de leur candidature à des fonctions scientifiques ou administratives dans des établissements publics (universités, bibliothèques, musées).

Les professeurs de l'École publient, depuis 1891, une *Revue mensuelle de l'École d'anthropologie*, recueil consacré aux leçons des professeurs, et à la bibliographie anthropologique. Le musée de l'école renferme près de 5000 pièces, dont beaucoup sont précieuses. La série ostéologique compte des squelettes, des crânes et des os longs ; l'anatomie, des pièces sèches ou conservées dans l'alcool. Une collection préhistorique, la plus précieuse, occupe des meubles à tiroirs et comprend une grande suite d'objets (armes, instruments, outils) classés chronologiquement, et dont les plus anciens remontent aux temps géologiques. Les *excursions* ont porté surtout sur la science de la préhistorique ; elles ont été faites au Musée de Saint-Germain-en-Laye, en Bretagne, dans le centre de la France, en Belgique.

La fondation de l'École d'anthropologie est due à la Société d'anthropologie de Paris, et, particulièrement, au professeur Paul Broca. Dès 1867, celui-ci avait annexé à la Société un laboratoire destiné à permettre aux travailleurs de s'initier aux méthodes de recherche et à la technique de l'anthropologie ; en 1868, ce laboratoire avait été rattaché à l'École des hautes études ; dès 1870, Broca y avait institué des leçons régulières, qu'aidé de son préparateur, il faisait aux élèves ; bientôt, il obtint de faire des leçons dans l'amphithéâtre de chimie de l'École de médecine. A son instigation, 24 donateurs s'unirent

pour fonder, le 24 juin 1875, l'École d'anthropologie, à laquelle
fut bientôt concédé le troisième étage du bâtiment du Musée
Dupuytren, rue de l'École-de-Médecine; le 15 novembre 1876,
les cours commencèrent, avec six professeurs. La loi du
21 mai 1889 a reconnu l'école d'utilité publique.

ÉCOLE COLONIALE

AVENUE DE L'OBSERVATOIRE

Directeur : M. AYMONIER

L'École coloniale, fondée en 1888 et 1889, comprend quatre
sections administratives (commissariat colonial, carrières
indo-chinoises, carrières africaines, administration pénitentiaire), une section commerciale, une division préparatoire,
une section indigène (décret du 2 avril 1896, modifié par ceux
du 6 juin 1897 et du 21 juillet 1898). Établie d'abord dans de
vieux immeubles du boulevard Montparnasse, elle a été transférée, en 1896, dans une belle construction élevée sur un terrain domanial provenant de l'ancienne pépinière du Luxembourg, et due à l'architecte Yvon (façade de style mauresque).

Sections administratives.

Les candidats sont admis après concours : épreuve d'admis-
sibilité portant sur les matières enseignées dans la première
année des études de droit, à l'exclusion du droit romain;
épreuve d'admission portant sur l'histoire de la colonisation,
les langues étrangères, la géographie, la topographie. Le
nombre des élèves à admettre dans chaque section est fixé
chaque année par le ministre; il est supérieur du tiers en
moyenne aux vacances probables.

Le cours d'études est de deux ans. Les cours généraux qui
devront être suivis par les élèves de toutes les sections com-

prennent : l'étude des colonies et pays de protectorat en Asie, Afrique, Océanie, et l'étude des colonies françaises d'Amérique, l'organisation générale des colonies, le droit administratif colonial, les productions coloniales, les langues vivantes, les exercices militaires et physiques (escrime, équitation) ; de plus, les élèves ont à subir, à la fin de la première année, un examen portant sur les matières enseignées à la Faculté de droit en deuxième année de baccalauréat (à l'exclusion du droit romain), et, à la fin de la deuxième année, un examen portant sur les matières exigées pour la licence en droit. Les cours spéciaux de chaque section sont les suivants : pour le commissariat colonial : cours de préparation théorique et pratique (les élèves ayant subi avec succès les examens de première année dans une faculté de droit sont seuls admis à suivre le cours du commissariat) ; pour les carrières indo-chinoises : géographie détaillée de l'Indo-Chine, histoire et institutions de l'Indo-Chine, législation et administration de l'Indo-Chine, langue annamite, lecture et explication des prières usuelles chinoises et annamites ; cours facultatif donnant lieu à l'attribution de points supplémentaires : langues usitées en Indo-Chine autres que l'annamite ; pour les carrières africaines : géographie détaillée de l'Afrique, législation et administration de nos possessions africaines, organisation spéciale de Madagascar, droit musulman, comparaison avec le droit hindou ; langue arabe, langue malgache (obligatoire pour les candidats aux emplois à Madagascar) ; pour l'administration pénitentiaire : législation pénale, systèmes pénitentiaires en usage en France et à l'étranger.

Les candidats à l'administration centrale des colonies doivent suivre, en outre des cours généraux, une des quatre séries des cours ci-dessus.

Dans chaque section, le classement des élèves se fait d'après l'ensemble des points obtenus depuis l'entrée à l'École. Un arrêté du ministre des Colonies détermine les conditions de ce classement, et le nombre de points minimum pour passer en seconde année ou pour obtenir le brevet. Les carrières où donnent accès les études administratives de l'École sont les suivantes : administration centrale des colonies, magistrature coloniale, corps du commissariat colonial, service des bureaux du secrétariat du gouvernement de la Cochinchine, administration des affaires indigènes en Cochinchine, personnel des résidences au Cambodge, en Annam et au Tonkin, corps des administrateurs coloniaux, administration pénitentiaire.

Chaque année, sur 100 ou 120 candidats, 38 en moyenne sont admis à l'école, dont 4 ou 6 inscrits pour le commissariat colonial, 10 pour les carrières indo-chinoises, 20 pour les carrières africaines, 2 pour l'administration pénitentiaire.

Section commerciale.

Cette section, créée seulement en 1893, et dont l'enseignement ne dure qu'un an, reçoit les jeunes gens qui se destinent au commerce et à l'agriculture et qui viennent chercher à l'École coloniale l'enseignement complémentaire qu'ils jugent nécessaire pour se mettre au courant de la législation économique de nos établissements d'outre-mer, des mœurs et des habitudes des habitants. Il n'existe à l'entrée de cette section ni concours ni examen ; la liste des candidats est arrêtée par le ministre. Les élèves de cette section doivent suivre tous les cours généraux, sauf le droit administratif, l'étude des systèmes coloniaux étrangers et la construction pratique ; ils doivent, de plus, suivre l'un des cours de langue annamite, arabe ou malgache. Les élèves qui satisfont aux examens de sortie reçoivent un brevet spécial.

Division préparatoire.

Cette division, analogue à celles qui existent dans les écoles supérieures de commerce, a été organisée en novembre 1896. Les élèves sont admis sans concours ni examen. Ils sont astreints aux exercices physiques et aux cours suivants : histoire générale de la colonisation française et étrangère jusqu'en

1815, histoire de la colonisation européenne jusqu'à nos jours en Amérique, à l'exception des possessions françaises actuelles, géographie, topographie, construction pratique, anglais, allemand, espagnol.

Section indigène.

Cette section a été l'origine de l'École coloniale actuelle. Elle a été organisée lors de la mission cambodgienne envoyée à Paris en 1885; en 1888 elle prenait le nom d'École coloniale; ce n'est qu'en 1889 qu'ont été fondées les sections françaises. Les élèves indigènes envoyés par les colonies et pays de protectorat pour compléter leur instruction sont soumis au régime de l'internat; ils ont de 14 à 20 ans; ils doivent, à leur arrivée, avoir justifié d'une connaissance suffisante de la langue française. Ils reçoivent, avec une connaissance plus complète de cette langue, une instruction qui équivaut à celles des écoles primaires supérieures. Tous ne sont pas nécessairement destinés à devenir dans leur pays des fonctionnaires de l'État; mais ils doivent resserrer par leur éducation les liens de leur patrie locale avec la France.

ÉCOLES SUPÉRIEURES DE COMMERCE

Deux écoles supérieures de commerce, reconnues par l'État, patronnées par la Chambre de commerce, existent à Paris. Ce sont l'École des hautes études commerciales du boulevard Malesherbes et l'École supérieure de commerce de l'avenue de la République (installée autrefois rue Amelot).

La première *École des hautes études commerciales*, a été fondée par la Chambre de commerce elle-même qui, en 1878 et 1879, décida la création « d'une école où l'on donnerait un complément d'instruction aux fils de la bourgeoisie qui se proposent, à leur sortie du collège, de suivre la carrière commerciale ». « Elle voulait, dit M. Lacroix, secrétaire de la Chambre de commerce, dans une notice récente sur la Chambre de commerce, fonder un établissement qui fût en situation de rendre au commerce les mêmes services que l'École centrale rend à l'industrie. »

Le 12 mai 1880, un décret autorisait l'emprunt au Crédit foncier des sommes nécessaires à la construction de l'École, et celle-ci était inaugurée le 4 décembre 1881, en présence de M. Roy, président de la Chambre de commerce, de M. Léon Say, président du Sénat et des ministres du Commerce et des Finances.

Le succès escompté par la Chambre de commerce ne tarda pas à venir, les élèves accoururent à la nouvelle école, si nombreux que, dès 1896, on dut ajouter de nouveaux bâtiments à ceux déjà construits, et qu'aujourd'hui l'École compte 378 élèves.

Il en a coûté 2 millions et demi à la Chambre de commerce pour édifier cette œuvre prospère. Les bâtiments de l'École se composent de 1 pavillon réservé à l'administration, de 1 réfectoire, de 3 grands amphithéâtres, de 16 salles d'études, et comptoirs, de 20 salles d'examen, de 80 chambres pour les internes, 1 infirmerie, de salles de jeux, de musique, d'escrime, de boxe, etc. Un *musée des marchandises* réunit les échantillons des matières étudiées aux cours ; un *laboratoire* permet de familiariser les élèves avec les essais et les manipulations de marchandises ; enfin, une *bibliothèque* de 6 000 volumes, intéressant le commerce et l'industrie, est mise à leur disposition.

L'enseignement est donné, dans toutes les branches, par des professeurs spéciaux choisis par le Conseil d'administration de l'École, que préside M. Lesieur, membre de la Chambre de commerce. L'École est dirigée par M. Jourdan, ingénieur, et voici la liste des cours qui y sont professés :

Commerce et comptabilité, mathématiques, étude des marchandises, essais et analyses, géographie économique, histoire du commerce, législation commerciale, maritime et industrielle, législations commerciales étrangères, économie politique, éléments du droit public, éléments du droit civil, législation ouvrière, législation budgétaire et douanière, étude des transports, outillage commercial, langues allemande, anglaise, espagnole et italienne, calligraphie.

L'École des hautes études commerciales a un cours préparatoire au cours normal d'études, qui est de deux ans. L'entrée dans chacun d'eux est précédé d'un concours. A la fin de la seconde année du cours normal, les élèves français et étrangers qui ont obtenu 65 p. 100 du maximum des points reçoivent un diplôme supérieur délivré par le ministre. Ce diplôme donne droit à la dispense de deux années de service militaire.

Les élèves qui n'ont obtenu que de 55 à 65 p. 100 du chiffre des points ont droit à un certificat d'études. Enfin, des attestations d'études peuvent être délivrées aux auditeurs qui ont suivi les cours normaux sans avoir subi le concours d'entrée.

L'*École supérieure de commerce de l'avenue de la République* est d'origine beaucoup plus ancienne que l'École des hautes études commerciales. C'est probablement l'école de commerce la plus vieille de France et même d'Europe. « Son histoire, disait M. Masson, président de la Chambre de commerce, à M. Félix Faure lors de l'inauguration, en 1898, des nouveaux bâtiments de l'école, est en même temps celle de l'enseignement commercial supérieur en France depuis trois quarts de siècle. »

« En 1820, deux commerçants parisiens, Brodard et Legret, fondaient l' « École spéciale du commerce et de l'industrie ». Ils étaient soutenus par un comité où figuraient J.-B. Say, Casimir Périer, de Prony, Jacques Laffitte, etc. Des professeurs excellents s'étaient groupés autour d'eux, parmi lesquels Adolphe Mangin, auquel, en 1830, fut confiée la direction de l'École Gervais de Caen ; puis Aimé Girard et tous trois contribuèrent au succès de l'école. Grâce à eux, l'enseignement commercial était entré définitivement dans nos mœurs. »

Plus tard, la Chambre de commerce de Paris qui, en 1863,

avait déjà fondé une école commerciale de premier degré destinée à former de jeunes employés de bureau, crut devoir prendre également la haute direction de l'enseignement commercial supérieur à Paris, et en 1869, dit M. Lacroix, dans la notice citée plus haut, elle fit l'acquisition de l'École. Celle-ci qui d'abord avait été installée à l'hôtel des Fermes, puis à l'hôtel Sully et rue Neuve-Saint-Gilles, émigra rue Amelot. Mais chaque année le nombre de ses élèves augmentant (70 en 1869, 140 en 1874, etc.), il fallut songer à l'agrandissement, et c'est ainsi que la Chambre de commerce décida la construction des bâtiments nouveaux qu'a inaugurés le 23 novembre 1898 le président de la République.

Ces bâtiments, qui couvrent une superficie de 25 000 mètres carrés et entourent une cour de 2 900 mètres de surface, comprennent de nombreuses salles de cours et d'examens admirablement aménagées, pourvues à profusion d'air et de lumière, où l'on a respecté les règles de la plus minutieuse hygiène.

Comme à l'École des hautes études commerciales, il existe à l'École supérieure de commerce des cours préparatoires et des cours normaux ; les conditions d'entrée des élèves, les conditions d'obtention des diplômes de fin d'études y sont aussi les mêmes.

M. Cantagrel, ancien élève de l'École polytechnique, dirige l'école où l'on professe les cours suivants :

Mathématiques, géométrie, comptabilité, géographie commerciale, histoire du commerce, législation commerciale, maritime et industrielle, législation fiscale et douanière, économie politique et législation ouvrière, littérature française, langue anglaise, langue allemande, langue espagnole, chimie industrielle, physique appliquée, mécanique industrielle, marchandises et technologie, calligraphie, dessin linéaire et d'ornement, sténographie.

ÉCOLE MUNICIPALE DE PHYSIQUE ET DE CHIMIE INDUSTRIELLES

RUE LHOMOND, 42

Directeur : M. Ch. LAUTH. — *Directeur des études :* M. GARIEL

L'École de physique et de chimie industrielles a été fondée en 1882. Elle est destinée à donner aux jeunes gens une instruction spéciale à la fois scientifique et pratique, et assez étendue pour leur permettre de rendre aux industries chimiques des services sérieux, soit comme ingénieurs, soit comme chefs de laboratoire ou d'atelier.

Le cadre des études étant borné aux études physico-chimiques et à leurs applications, le côté pratique a pu recevoir des développements étendus. La durée des cours est de trois années. Chaque année comprend 30 élèves admis par voie de concours. Pendant les trois premiers semestres, les élèves d'une même promotion suivent en commun les cours, et des manipulations de physique, de chimie, de mécanique, de mathématiques et de dessin. A la fin du troisième semestre, ils se spécialisent en élèves physiciens et en élèves chimistes. Pour chaque élève, les matières vues dans chaque cours font l'objet, chaque quinzaine, d'un examen. Les classements semestriels servent à former, d'après une règle fixe, le classement moyen à chaque année. A la fin de la troisième année, il est délivré des certificats de capacité aux élèves qui ont subi les examens de sortie d'une manière satisfaisante, et des diplômes à ceux qui se sont particulièrement distingués.

L'école a ouvert, le 1er avril 1893, un laboratoire de chimie de quatrième année, qui reçoit non seulement les anciens élèves désireux de se perfectionner dans les manipulations, mais encore , moyennant une rétribution mensuelle, des personnes étrangères à l'École voulant s'occuper de recherches originales faites dans un dessein scientifique et industriel.

ÉCOLE NATIONALE VÉTÉRINAIRE

A ALFORT (SEINE)

7, GRANDE RUE

Directeur : M. BARRIER

L'École vétérinaire d'Alfort reçoit des élèves internes et externes et est destinée à former des vétérinaires civils et militaires. A ce titre les élèves reçus sont dispensés de deux années de service militaire.

Les cours sont les suivants : anatomie descriptive et comparée, physiologie et thérapeutique, physique et chimie organique, maladies contagieuses et police sanitaire, pathologie et clinique chirurgicale, botanique, zoologie, hygiène générale et zootechnie, pathologie bovine, ovine et porcine, anatomie pathologique et embryologie.

ÉCOLE NORMALE
SUPÉRIEURE D'ENSEIGNEMENT SECONDAIRE
POUR LES JEUNES FILLES

A SÈVRES

Directrice : Mᵐᵉ HENRI MARION

L'École normale de Sèvres est destinée à former des professeurs (femmes) pour les lycées et collèges de jeunes filles. La durée des études est de trois ans.

Les cours et conférences comprennent les sciences mathématiques, physiques, chimiques et naturelles; la philosophie, l'histoire, la littérature, l'anglais, l'allemand, le dessin, la couture, etc.

Les élèves reçoivent, la 2ᵉ année, un certificat d'aptitude qui donne droit à la 3ᵉ année d'études et à prendre part au concours d'agrégation.

ENSEIGNEMENT POPULAIRE SUPÉRIEUR
DE LA VILLE DE PARIS

Sous ce titre le Conseil municipal de Paris a créé une série de cours publics et gratuits, ayant lieu le soir, salle des Prévots, à l'Hôtel de Ville et qui comprennent : l'histoire naturelle, l'histoire nationale, l'histoire des sciences, l'histoire de Paris, la biologie et l'anthropologie.

ENSEIGNEMENT SUPÉRIEUR LIBRE
INSTITUT CATHOLIQUE DE PARIS

L'Institut catholique est un établissement libre d'enseigne ment supérieur, créé en conformité des lois des 12 juillet 1875 et 18 mars 1880. Il est gouverné par un conseil supérieur formé de 32 archevêques et évêques, sous la présidence du cardinal-archevêque de Paris et est dirigée par un recteur.

L'Institut comprend 3 facultés canoniques : théologie, droit canonique et philosophie ; 1 faculté de droit et 2 écoles supérieures de lettres et de sciences.

L'enseignement de la théologie a pour annexe celui des sciences bibliques, linguistiques, historiques et apologétiques.

Le droit canonique est accompagné de leçons de droit public, d'histoire du droit, de références au droit civil et de législation des cultes.

La philosophie scolastique est complétée par des cours scientifiques.

Voici la liste des cours de ces facultés : théologie dogmatique générale, théologie dogmatique spéciale, théologie morale fondamentale, écriture sainte, patrologie, histoire ecclésiastique, langues orientales, enseignement supérieur de la religion, décrétales, droit public ecclésiastique, histoire du droit canonique, logique et métaphysique, psychologie et morale, physique expérimentale.

La Faculté de droit jouit de toutes les prérogatives des facultés de l'État, sauf celle d'examiner ses sujets pour les grades. Elle comprend les cours suivants :

Droit civil, droit romain, économie politique, histoire générale du droit français, droit international public, droit administratif, droit criminel, droit commercial, procédure civile, législation financière, droit maritime, et, de plus, des séries de conférences sur le droit et les sciences politiques et économiques.

L'École des hautes études littéraires comprend des cours de philosophie, histoire ancienne, histoire du moyen âge, histoire moderne; littératures grecque, latine, française; géographie; langues latine, française, anglaise, allemande, arabe, chinoise, etc.

L'École des hautes études scientifiques, dirigée par M. de Lapparent, membre de l'Institut, a une série très complète de cours : calcul différentiel et intégral, analyse, mécanique, astronomie, physique, chimie, minéralogie, géologie, mathématiques, etc.

L'Institut catholique a maintenant 700 étudiants. Depuis sa fondation, il a fait recevoir 585 licenciés ès lettres, 177 licenciés ès sciences, 34 agrégés, 24 docteurs. En droit, ses élèves ont fourni 940 licenciés, 113 docteurs.

CONSERVATOIRE NATIONAL
DES ARTS ET MÉTIERS

292, RUE SAINT-MARTIN

Directeur : Le colonel LAUSSEDAT
Membre de l'Institut.

« Descartes, a écrit dans une notice sur le Conservatoire un de ses directeurs, M. Christian, Descartes avait dans les dernières années de sa vie conçu le projet de faire bâtir, dans le Collège royal ou dans d'autres lieux qu'on aurait consacrés au public, diverses grandes salles pour les artisans; de joindre à chaque salle un cabinet rempli de tous les instruments mécaniques utiles aux arts qu'on y devait enseigner, et d'entretenir pour chaque art un professeur, habile en mathématiques et en physique, afin qu'il pût répondre à toutes les questions des artisans, leur rendre raison de toutes choses, et leur donner du jour pour faire des nouvelles découvertes dans les arts. »

C'est un désir analogue qui guida le célèbre mécanicien Vaucanson, lorsqu'il rassembla les premiers éléments du futur musée du Conservatoire. Vaucanson avait installé dans l'hôtel de Mortagne, au faubourg Saint-Antoine, un cabinet des machines qu'il légua par testament au roi Louis XVI. Celui-ci décida, — on était en 1783, — d'en faire un musée public où les visiteurs pourraient se familiariser avec les machines nouvelles, dont on leur expliquerait la construction et le fonctionnement.

8

« Un dépôt public de cette espèce, disait Joly de Fleury, contrôleur des finances, dans un rapport au roi sur le testament de Vaucanson, encouragerait ceux qui se sentent du goût et du talent pour l'exécution des machines et il exciterait les capitalistes à former des spéculations sur le produit des machines nouvelles. »

Telle fut l'origine du Conservatoire. Un décret-loi de la Convention, en date du 10 octobre 1794, reproduit en le complétant le programme qui avait été adopté par Louis XVI. « Le Conservatoire des arts et métiers, y dit-on, sera un dépôt de machines, modèles, outils, dessins, etc..., dans tous les genres d'arts et métiers... On y expliquera la construction et l'emploi des machines utiles, etc... » Et la fondation du Conservatoire fut consacrée par la loi du 10 juin 1798, qui mit à la disposition du ministre de l'Intérieur le local et les ressources nécessaires pour son installation.

Le local choisi fut l'ancien prieuré de Saint-Martin-des-Champs. Les crédits votés, 56 900 francs, permirent les transformations nécessaires; puis l'on transporta dans les bâtiments nouveaux, avec le petit musée de Vaucanson, les machines qu'avait données à l'Académie des sciences Pajot d'Ons en Bray, et qui étaient au Louvre ; les modèles qui composaient la galerie des arts mécaniques du duc d'Orléans, et enfin de nombreuses machines agricoles qui étaient au Dépôt de physique et de machines de la rue de l'Université.

Depuis cette époque, l'importance du musée s'est constamment accrue. Il compte aujourd'hui plus de 12 000 objets ou séries d'objets répartis dans les diverses galeries et dans l'ancienne Église (modèles de machines anciennes et modernes, machines électriques, modèles de ponts, viaducs, égouts, instruments de précision, modèles d'horloges, métiers à tisser, machines agricoles, céramique, verrerie, etc.).

Le portefeuille industriel, mis à la disposition du public, contient les originaux des marques de fabrique, la nomenclature et la description des brevets d'invention tombés dans le domaine public.

D'autre part, de nombreux cours de sciences appliquées aux arts et à l'industrie y ont été fondés. En 1839 il y en avait 10 : géométrie (2 cours); mécanique, physique, chimie (2 cours); agriculture (2 cours); économie industrielle et législation. Il y en avait 14 en 1868 et 18 au début de 1900; il y en a 20 maintenant, dont nous donnons la liste plus loin.

De 1794 à 1800, la direction du Conservatoire fut confiée à quatre administrateurs. De 1800 à 1817, il n'y en eut plus qu'un seul, M. Molard, auquel succéda un directeur, M. Christian, nommé par l'État. En 1831, on revint au système des administrateurs choisis parmi les professeurs titulaires; successivement Pouillet, le colonel Morin et Olivier remplirent cette fonction. Enfin, en 1853, on nomma de nouveau un directeur, qui ne fut autre que l'ancien colonel administrateur devenu général de division Morin. Hervé Mangon lui succéda en 1881, mais ne resta qu'un an à la tête du Conservatoire; et depuis 1881, c'est le colonel Laussedat qui, assisté d'un ingénieur, M. Masson, dirige cet établissement.

On n'y noterait depuis cette dernière date que peu de changements si, tout récemment, le 13 avril 1900, une loi nouvelle n'avait accordé au Conservatoire la personnalité civile et nécessité certaines modifications dans son administration et ses attributions.

Depuis cette loi, en effet, et depuis le décret qui l'a suivie (décret du 20 mai 1900), le directeur est assisté d'un conseil d'administration, d'un conseil de perfectionnement et d'une commission technique.

Le conseil d'administration, qui est composé de 17 membres et que préside M. Léon Bourgeois, décide de tout ce qui concerne l'administration des biens, les arts de justice, la police intérieure, etc.

Le conseil de perfectionnement, que préside M. Laussedat, donne son avis sur l'enseignement et les collections. Il se compose de 20 membres, dont les professeurs et directeurs de laboratoires, des membres du parlement et des corps savants, des industriels, etc.

La commission technique (4 membres) donne son avis sur toutes les questions relatives au laboratoire, organe nouveau créé pour des essais mécaniques, physiques, chimiques et des machines, et qui peut être mis à la disposition du commerce et de l'industrie pour tous les essais et toutes les déterminations dont ils ont besoin.

Enfin le décret crée deux chaires nouvelles, l'une de l'histoire du travail (fondation de la Ville de Paris), l'autre d'assurance et de prévoyance sociales (subventionnée par la Chambre de commerce). Ces créations portent à 20, ainsi que nous l'avons dit plus haut, le nombre des cours existants. Voici la liste des 18 autres : géométrie appliquée aux arts, géométrie descriptive, mécanique appliquée aux arts, constructions civiles, physique appliquée aux arts, électricité industrielle, chimie générale dans ses rapports avec l'industrie, chimie industrielle, métallurgie et travail des métaux, chimie appliquée à la teinture, à la céramique et à la verrerie, chimie agricole et analyse chimique, agriculture, filature et tissage, économie politique et législation industrielle, économie industrielle et statistique, art appliqué aux métiers, droit commercial, économie sociale.

OBSERVATOIRE DE PARIS

RUE CASSINI, A L'EXTRÉMITÉ DE L'AVENUE DE L'OBSERVATOIRE

Directeur : M. M. LOEWY

Membre de l'Institut et du Bureau des longitudes.

Historique.

Sous Louis XIV, Claude Perrault dressa, sur l'invitation de Colbert, les plans de l'Observatoire de Paris. Le superbe monument, rectangulaire, et dont les quatre faces sont arrêtées d'après les quatre points cardinaux, fut construit de 1668 à 1672 ; les murs ont 2 mètres d'épaisseur ; les fondements ont une profondeur égale à la hauteur des murs : 28 mètres. En 1732, en 1742, en 1760, on dut agrandir l'Observatoire ; en 1777 on construisit les salles d'observations méridiennes ; de 1786 à 1793, sous Louis XVI, on procéda à sa restauration complète. Dans ce siècle, l'Observatoire a été dégagé par la démolition des maisons environnantes (1800-1810) ; en 1883 ses terrains ont été agrandis, et ils s'étendent aujourd'hui jusqu'au boulevard Arago. Aujourd'hui le bâtiment de Perrault, avec ses salles immenses, n'est occupé que par le musée astronomique (installé dans les salles du premier étage et dans la grande galerie du deuxième), la bibliothèque, les bureaux, les appartements de la direction ; le véritable observatoire est dans l'aile est et dans le jardin.

Organisation actuelle.

La direction, assistée d'un conseil, administre l'Observatoire, dirige le service scientifique, pourvoit au service intérieur et est exclusivement chargée de la correspondance et de la publication des résultats des travaux (décret du 21 février 1878).

A l'Observatoire, la division du travail assure la précision des résultats. Sept services distincts sont établis : 1° service du méridien ; 2° service des équatoriaux ; 3° service de photographie astronomique et de la carte du ciel ; 4° service de météorologie, d'astronomie physique et de l'heure ; 5° service de spectroscopie astronomique ; 6° bureau des calculs ; 7° services administratifs. Ces services sont desservis par des astronomes titulaires, des astronomes adjoints et des aides astronomes. Ces astronomes ne s'occupent presque exclusivement que d'astronomie mathématique ; les observations d'astronomie physique ont été confiées à un observatoire spécial, établi à Meudon en 1879. L'Observatoire de Paris publie chaque année : 1° un volume d'*Observations*, préparé par le bureau des calculs qui en surveille l'impression ; 2° un volume de *Mémoires* ; 3° un *Bulletin* astronomique mensuel. Il travaille de plus à un grand catalogue général des étoiles, dont quatre volumes ont déjà paru.

L'Observatoire de Paris (altitude 68 mètres) est muni aujourd'hui des instruments les plus perfectionnés ; grand équatorial coudé, sidérostat de Foucault, etc. Ces instruments sont placés sur la terrasse de l'édifice, et surtout dans les constructions annexes élevées dans les jardins. L'Observatoire est inscrit au budget du ministère de l'Instruction publique (exercice 1900) pour un crédit total de 248 500 francs, dont 185 100 francs pour le personnel, et 63 400 francs pour le matériel. De plus, le crédit affecté à la publication de la carte photographique est, pour cet exercice, de 92 960 francs.

BUREAU DES LONGITUDES

A L'INSTITUT DE FRANCE (ENTRÉE RUE MAZARINE)

Le Bureau des longitudes est une réunion de savants, chargés de veiller au perfectionnement des diverses branches de la science astronomique et de leurs applications à la géographie, à la navigation et à la physique du globe.

Lorsqu'il fut créé par la Convention, le 24 juin 1795 (loi du 7 messidor an III), il avait dans ses attributions l'Observatoire de Paris ; mais ce dernier établissement devint indépendant en 1854. Les attributions du Bureau, devenues ainsi plus restreintes, ont été réorganisées par le décret du 15 mars 1874. Voici leur tableau actuel : améliorations à introduire dans la construction des instruments astronomiques et dans les méthodes d'observation, soit à terre, soit à la mer ; rédaction des instructions concernant les études sur l'astronomie physique, sur les marées et sur le magnétisme terrestre ; indication et préparation des missions que le Bureau jugera utiles aux progrès des connaissances actuelles sur la figure de la terre, la physique du globe, l'astronomie ; avancement des théories de la mécanique céleste et de leurs applications ; perfectionnement des tables du soleil, de la lune et des planètes ; rédaction et publication des observations astronomiques importantes, communiquées au bureau par les voyageurs, astronomes, géographes ou marins. De plus, sur la demande du gouvernement, le Bureau donne son avis : 1° sur les questions concernant l'organisation et le service des observatoires existants, ainsi que sur la fondation de nouveaux observatoires ; 2° sur les missions scientifiques confiées aux navigateurs chargés d'expéditions lointaines. Le Bureau, enfin, assure, dans la mesure de ses ressources, aux voyageurs, aux géographes, aux marins qui réclament son concours, la préparation scientifique nécessaire à l'accomplissement de leur mission, ainsi que l'étude et la vérification de leurs instruments.

Les deux publications du Bureau sont : la *Connaissance des temps* à l'usage des marins et des astronomes (la publication en est préparée au moins trois ans à l'avance), et l'*Annuaire du Bureau des Longitudes* (qui renferme des notices astronomiques, géographiques, statistiques, des tables physiques, des tables chimiques). Le Bureau publie, en outre, dans la limite de ses crédits, des *Annales*, renfermant les travaux de ses membres et de ses correspondants.

Les membres du Bureau s'assemblent régulièrement une fois par semaine, le mercredi. Ils sont au nombre de 13 et se recrutent ainsi : 3 membres de l'Académie des sciences, 5 astronomes, 3 membres appartenant au ministère de la Marine, 1 membre appartenant au ministère de la Guerre, 1 géographe. Le Bureau comprend de plus 2 membres adjoints, 1 artiste, et des membres correspondants français ou étrangers ; ces derniers n'ont que voix consultative. Une commission choisie par le Bureau dans son sein est chargée du choix et de la rédaction des articles de l'*Annuaire*.

Le Bureau des longitudes est inscrit au budget du ministère de l'Instruction publique (exercice 1900) pour une somme totale de 163 500 francs, dont 123 120 francs pour le personnel, 40 380 pour le matériel.

BUREAU INTERNATIONAL DES POIDS ET MESURES

PAVILLON DE BRETEUIL, A SÈVRES

Directeur : M. le Dr BENOÎT

Le Bureau international des poids et mesures, créé pour la conservation du mètre (Paris, 20 mai 1875), est entretenu aux frais communs des États suivants : Allemagne, Autriche, Belgique, Confédération argentine, Danemark, Espagne, États-Unis, France, Grande-Bretagne, Italie, Japon, Mexique, Pérou, Portugal, Roumanie, Russie, Serbie, Suisse, Suède, Vénézuéla.

Le Bureau est chargé :

1º De toutes les comparaisons et vérifications des nouveaux prototypes du mètre et du kilogramme ;

2º De la conservation des prototypes internationaux ;

3º Des comparaisons périodiques des étalons nationaux avec

les prototypes internationaux et avec leurs témoins, ainsi que de celles des thermomètres étalons ;

4° De la comparaison des nouveaux prototypes avec les étalons fondamentaux des poids et mesures non métriques employés dans les différents pays et dans les sciences ;

5° De l'étalonnage et de la comparaison des règles géodésiques ;

6° De la comparaison des étalons et échelles de précision dont la vérification serait demandée, soit par les gouvernements, soit par des sociétés savantes, soit même par des artistes et des savants.

Le Bureau fonctionne sous la surveillance du *Comité international des Poids et Mesures*, placé sous l'autorité d'une *Conférence générale des Poids et Mesures* constituée par des délégués des Gouvernements contractants.

Les principaux travaux du Bureau international ont été jusqu'à ce jour :

L'étude approfondie des méthodes de détermination des étalons de longueur à traits ou à bouts et des étalons de masse ; l'étude des procédés permettant d'arriver à une grande précision dans la mesure des températures ; la détermination de la valeur et de la dilatation de tous les étalons du mètre, de la valeur et de la densité de tous les étalons du kilogramme, distribués aux États contractants, et l'étude complète de tous les thermomètres les accompagnant ; les comparaisons répétées d'une partie de ces étalons ; l'étude d'un certain nombre d'étalons métriques de précision autres que les prototypes nationaux, notamment des règles géodésiques appartenant aux États suivants : Allemagne, Autriche, Espagne, France, Italie Norvège, Russie, République Argentine, Suède, Suisse, ainsi qu'à la Colonie du Cap ; la détermination de la valeur des pendules servant à la mesure de l'intensité de la pesanteur ; la détermination de la valeur d'étalons étrangers, comme ceux du système britannique, ou d'étalons anciens comme les règles de Borda, la toise du Pérou, la toise de Bessel, etc. ; la création de l'échelle normale internationale des températures, et l'étude d'un grand nombre de thermomètres de haute précision, ayant permis de rapporter à cette échelle tous les travaux importants relatifs à la température ; l'introduction du verre dur en thermométrie ordinaire, et du toluène comme liquide thermométrique pour les basses températures, réalisant un progrès important dans cette branche de la Métrologie ; la mesure de la dilatation d'un grand nombre de corps, et notamment de métaux ou d'alliages usuels, d'où est résultée la découverte d'alliages beaucoup moins dilatables que tous les corps connus ; la détermination précise de certaines longueurs d'ondes lumineuses, pouvant servir à contrôler la constance des étalons métriques, une nouvelle mesure de la masse du décimètre cube d'eau.

BUREAU CENTRAL MÉTÉOROLOGIQUE

RUE DE L'UNIVERSITÉ, 172

Directeur : M. MASCART
Membre de l'Institut.

Ancienne division météorologique de l'Observatoire de Paris, le Bureau central a été constitué en service distinct par décret du 14 mai 1878. Ce Bureau remplit pour la météorologie et la climatologie une fonction analogue à celle que remplit pour l'astronomie le Bureau des longitudes. Il comprend trois services : 1° le service des avertissements, qui consiste dans la publication du *Bulletin international* et dans l'envoi de dépêches journalières concernant le temps probable à partir de midi, adressées aux ports de mer, aux communes agricoles, etc. ; 2° le service de climatologie, qui étudie spécialement le climat de la France, la marche des orages, les chutes de grêle, la distribution des pluies au moyen des observations fournies par les écoles normales et par les commissions météorologiques régionales des départements qu'il a lui-même organisées ;

3º le service de météorologie générale, qui étudie la répartition des principaux éléments météorologiques à la surface du globe : pression, température, nébulosité, vent, etc. Ce service fonctionne grâce aux documents journaliers que reçoit le Bureau de tous les points du globe. Le Bureau central publie tous les ans des *Annales,* qui donnent les observations recueillies et contiennent des travaux originaux fondés sur ces observations.

Au Bureau central est annexée la *Station du parc de Saint-Maur*, près de Paris, qui possède un service spécial de magnétisme et un service complet de météorologie ; cette station est dirigée par M. Renou. De plus, le Bureau a fait placer des appareils enregistreurs au sommet de la tour Eiffel.

Le Bureau central est inscrit au budget du ministère de l'Instruction publique (exercice 1900) pour un crédit total de 184 800 francs, dont 111 500 francs pour le personnel et 73 300 pour le matériel.

OBSERVATOIRE MUNICIPAL DE MONTSOURIS

PARC DE MONTSOURIS

L'Observatoire de Montsouris, créé en 1868 par Duruy, pour « la recherche des effets produits sur les cultures et sur l'hygiène par les variations du temps et les changements de composition de l'air atmosphérique », appartint à l'État jusqu'en 1887. Mais à cette date, la Ville de Paris, qui avait eu fréquemment recours à lui pour des études sur la climatologie et l'hygiène de Paris, estima préférable de se l'annexer définitivement ; et c'est sous l'autorité du préfet de la Seine et le contrôle d'une commission de surveillance municipale que fonctionne maintenant l'Observatoire.

Il comprend trois services importants : le premier, physique et météorologie est dirigé par M. J. Jaubert, soit à Montsouris, dans l'ancien palais du bey de Tunis, soit à la tour Saint-Jacques (ces deux établissements dépendent de l'Observatoire), il étudie l'électricité atmosphérique, les fumées de Paris, les variations thermiques, la répartition des pluies et des orages, etc.

Le second service, chimie, est dirigé par M. Albert Lévy. Il s'occupe des variations de composition de l'air et des eaux; surveille les procédés de filtration de l'air et des eaux, etc.

Enfin le troisième service, micrographie, dont s'occupe M. le Dr Pierre Miquel, établit les statistiques microbiennes, détermine les variations que les conditions météorologiques peuvent faire subir aux bactéries de l'air, du sol et des eaux, etc. Un laboratoire de bactériologie lui est adjoint pour l'établissement du diagnostic de la diphtérie et d'autres maladies infectieuses.

OBSERVATOIRE
D'ASTRONOMIE PHYSIQUE DE MEUDON

Directeur : M. JANSSEN
Membre de l'Institut.

Cet Observatoire a été fondé en 1879 pour l'étude de l'astronomie physique.

Il est installé dans le domaine de l'ancien château de Meudon, auprès de la station de chimie végétale du Collège de France. Il comprend, en dehors du directeur, deux aides physiques, deux photographes et un mécanicien et est pourvu d'instruments remarquables pour les observations du ciel.

ASSISTANCE PUBLIQUE

Directeur : M. LE Dr NAPIAS

Avant la Révolution, il existait à Paris un grand nombre d'établissements laïques ou religieux destinés à secourir les pauvres et les malades. Mais, seuls, le *Grand Bureau des pauvres*, le *Grand Bureau de l'Hôtel-Dieu*, et le *Bureau de l'hôpital général* possédaient une organisation régulière et officielle. L'autorité de ces bureaux, qui étaient composés des premiers magistrats des cours de justice et d'hommes choisis dans la bourgeoisie, était absolue, et l'administration hospitalière, réglée municipalement dans ses élections et dans ses opérations, jouissait d'une entière autonomie.

En 1790, l'organisation d'un établissement général de secours public ayant été décrétée (décrets des 10 septembre et 29 novembre), les services d'assistance parisiens furent administrés par le bureau qui, dans les communes de Paris, portait le nom de Bureau des hôpitaux. Ils passèrent en 1791 sous l'autorité du département; la municipalité les reprit en 1792, puis le ministère de l'Intérieur en 1796. Enfin, en 1801, la direction en fut attribuée à un conseil général d'administration ou conseil général des hospices fondé par le préfet de la Seine, et dont faisaient partie, avec le préfet de police, 11 membres nommés par le ministre de l'Intérieur.

Il en fut ainsi jusqu'en février 1848, où un arrêté de la mairie de Paris remplaça par 3 délégués le conseil général des hospices. Mais cette organisation nouvelle ne vécut qu'une année, car le 8 février 1849 fut mise en vigueur la loi qui régit encore actuellement l'Assistance publique à Paris et qui remplaça définitivement le conseil des hospices par un directeur responsable assisté d'un conseil de surveillance nommé par décret et composé des deux préfets, de médecins, de maires d'administrateurs des bureaux de bienfaisance, de conseillers municipaux, etc. Aux termes de cette loi, le directeur a dans ses attributions : les établissements hospitaliers, le service des secours de Paris et la tutelle des enfants abandonnés du département de la Seine. Ses actes sont tous soumis à l'approbation du préfet ou du chef de l'État après avis du conseil de surveillance ou du Conseil municipal. (Cette dernière assemblée, aux termes de la loi de 1849, avait 2 représentants dans le conseil de surveillance ; en raison des subventions importantes que le budget de la Ville fournit à l'Assistance, un décret du 28 mars 1856 lui en a donné dix.)

Hôpitaux.

Les hôpitaux et hospices ainsi que le service des secours ont un caractère purement communal ; ils sont réservés aux indigents domiciliés à Paris. Le service des enfants assistés a, au contraire, un caractère départemental, et le directeur de l'Assistance publique assure l'exécution des décisions du Conseil général de la Seine, qui délibère souverainement en cette matière. Voici sur chacun de ces services distincts quelques renseignements précis.

Hôpitaux et hospices. — Les hopitaux, destinés aux malades guérissables qui y sont admis soit d'urgence, soit à la consultation quotidienne, se divisent en hôpitaux généraux, où l'on traite toutes les maladies, hôpitaux spéciaux, où l'on n'en soigne que quelques-unes, et hôpitaux d'enfants. En voici la liste.

Hôpitaux généraux. — Hôtel-Dieu (827 lits), Pitié (729 lits), Charité (650 lits), Saint-Antoine (895 lits), Necker (479 lits), Cochin (475 lits), Beaujon (563 lits), Lariboisière (963 lits), Tenon (918 lits), Laënnec (633 lits), Bichat (191), Andral (100 lits), Broussais (264 lits), Hérold (100 lits), Boucicaut (194 lits).

Hôpitaux spéciaux. — Saint-Louis (1 357 lits), Ricord (317 lits), Broca (283 lits), accouchement (443 lits), Baudelocque

(178 lits), Tarnier (200 lits), Aubervilliers (258 lits), Bastion 29 (122 lits), Maison de santé (310 lits).

Hôpitaux d'enfants. — Trousseau (596 lits), Enfants-Malades (612 lits), Berck-sur-mer (750), Forges-les-Bains (224), La Roche-Guyon (118 convalescents), Hendaye (200).

De plus, un hôpital nouveau va être construit à Angicourt pour 150 tuberculeux; l'hôpital Trousseau sera remplacé prochainement par deux autres de 234 lits chacun et l'hôpital Hérold sera aménagé pour recevoir seulement des enfants au nombre de 220.

Hospices.

Les hospices sont réservés aux vieillards, aux incurables et à certaines catégories d'enfants. Il en existe 5 : l'hospice de Bicêtre (3153 hommes dont 1213 aliénés), l'hospice de la Salpêtrière (3411 femmes, 450 enfants et 724 aliénées), l'hospice d'Ivry) 2209 vieillards des deux sexes), l'hospice de Bré vannes (1037 vieillards), l'hospice des Enfants-Assistés (880 lits ou berceaux).

Indépendamment des hôpitaux et des hospices il existe des *maisons de retraite*, où peuvent entrer les vieillards qui paient une pension annuelle ou versent un petit capital (les Ménages d'Issy, 1369 vieillards; la maison Larochefoucauld, 226 pensionnaires; Sainte-Périne, 253 pensionnaires), et des *Fondations* particulières en grand nombre destinées à certaines catégories d'artistes, d'ouvriers, etc., et dont l'administration appartient à l'Assistance publique. Ce sont : les fondations Saint-Miche. et Lenoir Jousserau à Saint-Mandé (22 et 218 lits); l'hospice Brézin à Garches (354 lits); la fondation Devillers à Issy (68 lits); la maison Chardon-Lagache (159 lits); la maison Galignani (100 lits); la fondation Rossini (50 lits); l'hospice Debrousse (216 lits); la fondation Dheur (60 lits); les fondations Ribouté-Vitalis et Hartmann (40 et 10 lits); l'orphelinat Fortin (28 enfants); la fondation Davenne (12 jeunes filles); l'orphelinat Parent et Rozan (12 fillettes), l'asile Lambrechts (40 vieillards, 70 orphelins) ; la fondation Chemin de Latour (20 infirmes).

Enfin quelques établissements du même genre sont administrés par les bureaux de bienfaisance, ce sont : les fondations Tisserand (48 vieillards) ; Damet (33 vieillards) ; Lesecq (20 femmes âgées) ; Leprince (30 vieillards) ; de Belleville (25 vieillards).

Les hôpitaux et hospices sont administrés par des directeurs : les médecins, chirurgiens, accoucheurs, pharmaciens et internes qui donnent leurs soins aux malades ne sont admis dans les hôpitaux que par voie de concours. Il existe au total à Paris 96 services de médecine, 44 de chirurgie, 12 d'accouchement.

Depuis peu, on a créé des places de médecins spécialistes, otolaryngologistes, ophtalmologistes.

Secours à domicile. — Dans chaque arrondissement de Paris, un bureau de bienfaisance est chargé, sous l'autorité du directeur de l'Assistance publique, d'assurer le service de secours à domicile et de l'assistance médicale. Chaque bureau est administré (décret du 15 novembre 1895) par une commission composée du maire de l'arrondissement, des adjoints, des conseillers municipaux et de quatre administrateurs au moins par quartier. Un secrétaire trésorier (fonctionnaire de l'Assistance publique) dirige le service administratif. Les administrateurs (hommes ou femmes) dont les fonctions sont gratuites sont nommés pour quatre ans par le Préfet de la Seine ; des commissaires et des dames patronnesses leur sont adjoints pour leurs enquêtes. Les bureaux de bienfaisance distribuent les recettes dont ils disposent (subvention ou dons) en secours annuels ou temporaires. De plus, ils assurent aux indigents, soit l'assistance médicale à domicile, soit des consultations dans des dispensaires spéciaux existant dans chaque arrondissement.

D'autre part, le directeur de l'Assistance publique peut allouer aux vieillards infirmes des « secours représentatifs de séjour a l'hospice ».

Enfants assistés. — Le département de la Seine n'a qu'un établissement d'enfants assistés, rue Denfert-Rochereau, où il recueille sans formalités ni enquêtes les enfants trouvés, abandonnés ou orphelins.

Il en avait à sa charge, au 31 décembre 1899, 44 310. De l'hospice, les enfants sont dirigés sur une des 43 agences de placement que l'Assistance publique possède dans les départements. Chaque directeur d'agence a mission de recruter les nourrices, puis de placer les enfants sevrés ; de passer les contrats d'apprentissage, etc.

A la protection des enfants assistés se rattache celle des enfants « moralement abandonnés ». Pour ceux-ci (ils étaient 2 483 à la fin de 1899) l'Assistance a créé des établissements spéciaux où leur est donnée une éducation professionnelle. C'est l'école d'Alembert pour les ébénistes et les typographes, l'école Le Nôtre pour les jardiniers, l'école d'Uzuère pour les couturières et lingères, l'école Roudil pour les agriculteurs, et enfin l'école de Port-Hallay où sont envoyés les indisciplinés, dont on fait des élèves matelots.

Le budget de l'Assistance publique s'élevait en recettes et dépenses, pour l'année 1899 à 53 043 607 fr. 50 ; et l'action de l'Assistance s'est exercée la même année sur 521 840 individus, à savoir sur 220 840 dans les services hospitaliers sur 253 000 en secours à domicile et sur 48 000 enfants assistés.

ARCHIVES NATIONALES

RUE DES FRANCS-BOURGEOIS, 60

Directeur général : M. GUSTAVE SERVOIS

Les Archives nationales, constituées sous la Révolution, installées dans un des plus beaux hôtels du vieux Paris, l'hôtel de Soubise, sont en même temps le dépôt de **tous** les documents officiels appartenant à l'État et un centre d'actives recherches scientifiques, principalement historiques.

Cet établissement ressort au chapitre du ministère de l'Instruction publique (budget de 1900) pour la somme de 212 000 francs.

Fonctionnement.

Les Archives nationales ont reçu tous les papiers d'État de l'ancien régime (les plus anciens datent de l'époque mérovingienne), et, de plus, les papiers confisqués pendant la Révolution aux établissements religieux. Ainsi a été constitué un ensemble de documents d'un prix inappréciable sur toutes les époques de notre histoire ; il y a là plus de 100 millions de pièces réparties dans 300 000 cartons, liasses et registres. Cette collection, chaque année, s'accroît des pièces dont les divers ministères n'ont plus besoin pour leurs affaires courantes ; seuls les ministères de la Guerre, de la Marine et des Colonies conservent la garde de tous leurs documents.

Ces documents sont divisés en 25 séries, distinguées par les lettres de l'alphabet : les plus importantes sont la série *F* (administration générale de la France), la série *J* (trésor des chartes, ancienne chancellerie royale), la série K (monuments historiques), la série AF (ancienne secrétairerie d'État); une seule de ces séries, la série X, renferme 26 780 articles (volumes ou liasses), dont beaucoup contiennent un millier de pièces chacun, depuis l'année 1255 jusqu'à la Révolution.

Avant 1897, l'administration des Archives nationales comprenait trois sections : section législative et judiciaire, section administrative et domaniale, section historique. Le décret du 23 février 1897 a remanié ces sections et en a déterminé la composition comme il suit : 1re section : archives législatives et administratives modernes; 2e section : archives des juridictions et des administrations de l'ancien régime; 3e section : trésors des chartes, collection de l'ancienne section historique, titres domaniaux, fonds ecclésiastiques antérieurs à 1790. C'est la 1re section qui reçoit les versements faits par les assemblées législatives, les ministères et les corps constitués postérieurs à 1790; le service des archives départementales, qui formait un bureau de la direction du secrétariat au ministère de l'Instruction publique, a été détaché de cette direction et réuni au secrétariat des Archives nationales.

Une croyance générale est que les savants attachés à cet établissement jouissent d'humbles sinécures qui leur permettent de poursuivre leurs travaux personnels. Il n'en est rien. Peu nombreux relativement (l'administration ne comprend que 25 fonctionnaires), les archivistes ont à classer les fonds anciens et modernes, à inventorier les séries les plus importantes pour l'histoire, à recevoir et à distribuer les papiers récents envoyés par les ministères; à transcrire les documents dont on exige des expéditions authentiques, à satisfaire aux demandes nombreuses que les administrations (ministères, préfecture de la Seine, ambassades, etc.) et le public font quotidiennement par lettre ou directement, et ce public, qui s'élève parfois à 50 personnes par jour, comprend les érudits français et étrangers, les historiens, les simples curieux, les généalogistes, les propriétaires de Paris et des environs (pour des procès, des copies de plans), les avoués et les avocats,

les mandataires d'établissements publics (hôpitaux, écoles
spéciales, chambres syndicales, etc.), ainsi que les élèves de
l'École des Chartes qui viennent s'y exercer à la paléographie.
En une année, par exemple, le bureau spécial des renseignements a enregistré 2 275 demandes, qui ont amené 1 494 recherches; et il lui a fallu répondre à 326 lettres; le nombre des
lecteurs entrés dans la salle du public a été de près de 10 000,
auxquels on a communiqué 22 000 articles. Si la recherche de
ces documents est chose aisée, on peut en juger quand on
saura que l'établissement renferme, dans 138 salles et 5 852
travées, 63 kilomètres de tablettes où sont rangés, dans un
ordre matériel parfait, 94 700 registres, 77 850 liasses, et
83 650 cartons formant un poids total approximatif de
1 405 350 kilogrammes.

Ce sont les plus grandes archives du monde et celles de
Londres (*Record office*) viennent en seconde ligne.

Historique.

L'hôtel élevé, après 1370, au Marais, par le connétable Olivier
de Clisson, et dont il reste, rue des Archives, la principale
porte d'entrée, —un des rares spécimens de l'architecture civile
du xivᵉ siècle à Paris, — fut acquis en 1553 par la famille de
Guise, qui y joignit plusieurs hôtels anciens. L'hôtel des Guise
fut, au temps de la Ligue, le quartier général des princes de
Lorraine; en 1704 il fut acquis, par la somme de 326 000 livres
par le prince François de Rohan-Soubise, qui le rebâtit presque
entièrement. Les travaux ne furent terminés qu'en 1749; deux
architectes les dirigèrent : Delamair, qui a donné les plans, et
son élève, Germain Boffrand. On admire la vaste cour s'ou-
vrant sur la rue des Francs-Bourgeois, et qui est entourée de
trois côtés par une belle colonnade. Les anciens appartements
des princes de Soubise sont restés un des modèles les plus
parfaits du style Louis XV : peintures de Trémolières, de
Boucher, de Natoire. Lors de la Révolution l'hôtel devint propriété nationale; en 1808, on l'affecta aux Archives nationales;

depuis, de grandes constructions ont été commencées vers 1840,
vis-à-vis du corps principal du palais, dans la cour intérieure;
en 1865, fut inaugurée la vaste galerie monumentale qui
termine les Archives du côté nord, sur la rue des Quatre-Fils;
de nouveaux bâtiments ont été élevés à droite depuis 1872
pour contenir les accroissements toujours plus nombreux du
dépôt.

BIBLIOTHÈQUE NATIONALE

ENTRE LES RUES DE RICHELIEU (ENTRÉE PRINCIPALE),
DES PETITS-CHAMPS, VIVIENNE

Administrateur général : M. Léopold DELISLE
Membre de l'Institut.

La Bibliothèque Nationale, réorganisée par le décret du 14 juillet 1858, est ouverte au public toute l'année, excepté du dimanche de la Passion au lundi de Pâques. La salle publique (livres classiques, professionnels et usuels) est ouverte même le dimanche. Des cartes sont nécessaires pour avoir accès dans la grande salle de travail.

Richesses et fonctionnement.

La Bibliothèque Nationale est inscrite au budget de l'Instruction publique (exercice 1900) pour un crédit total de 808 000 francs, dont 436 000 francs pour le personnel, 272 000 pour le matériel, 100 000 pour le catalogue.

Il est impossible d'indiquer avec précision le nombre actuel de ses livres ou brochures. En décembre 1893, M. Delisle estimait le nombre des volumes imprimés à 1 934 154, se décomposant ainsi : théologie 139 466 articles, jurisprudence 157 268, histoire 496 228 ; bibliographie 42 928, sciences et arts 639 844, poésie 148 490, théâtre 40 557, romans 109 944, polygraphes et mélanges 159 429. Quant au nombre des volumes, il ne paraissait pas à cette époque inférieur à 2 600 000. Comme il entre chaque année environ 50 000 volumes ou brochures, le nombre total des articles, aujourd'hui, semble pouvoir être évalué, pour le moins, à 3 millions. Les rayons, mis bout à bout donneraient une longueur de 60 kilomètres.

La Bibliothèque est divisée en 4 départements : 1° les imprimés, cartes et collections géographiques ; 2° les manuscrits, chartes et diplômes ; 3° les médailles, pierres gravées et antiques ; 4° les estampes.

Imprimés. — Aucune bibliothèque en Europe ne renferme autant de livres rares : la plus riche collection des livres publiés par Antoine Vérard, les plus beaux des Jenson, des Aldes, des Estiennes, des Elzévirs ; reliures anciennes. Une salle publique de lecture (entrée provisoire rue de Richelieu), et une salle de travail, recevant le jour d'en haut (entrée par la porte principale, rue de Richelieu, en face du square Louvois) sont affectées à la communication des livres. La salle de travail peut contenir 344 personnes assises ; près de 10 000 volumes à consulter sont placés dans des casiers à la libre disposition des travailleurs. L'hémicycle de la salle de travail, occupé par les fonctionnaires du département, s'ouvre sur le « magasin », vaste cour rectangulaire éclairée par un plafond vitré et comprenant cinq étages à jour, divisés en salles qui communiquent entre elles par des galeries latérales et transversales. Ce magasin contient environ 1 200 000 volumes. Les autres volumes (1 800 000) sont répartis dans les salles placées aux étages supérieurs. Les ouvrages formant le fonds dit de « la réserve » (imprimés du xv° siècle, gothiques français des xvᵉ et xvıᵉ siècles, reliures historiques et reliures d'art, séries royales, livres de luxe ou livres rares, collection des vélin, etc.), sont au nombre de 80 000 ; on n'est admis à les consulter qu'à une table spéciale, sous la surveillance d'un employé. Une salle de travail spéciale est affectée à la géographie : collection unique en Europe de cartes et de plans (300 000 cartes de toutes langues).

Manuscrits, chartes et diplômes. — Donner ici une idée des richesses que renferme le département des imprimés est impossible. Depuis François Iᵉʳ, ces richesses se sont accumulées ; et récemment encore, la Bibliothèque faisait l'acquisition de nouvelles : 271 volumes de manuscrits en langues de l'Inde ; une charte originale de Philippe le Hardi, datée de Bordeaux, 1283 ; un manuscrit de la Toison d'or, ayant appartenu à Rodolphe II ; des lettres autographes de Poussin, de Mme de Maintenon, etc. Les collections spéciales destinées aux savants, et divisées en fonds orientaux, fonds grec, fonds latin, fonds français, fonds en langues modernes, collections sur l'histoire des provinces et collections diverses, cabinet des titres comprenant 90 119 volumes, sur lesquels il faut compter environ 8 000 manuscrits enrichis de vignettes, miniatures, lettres ornées. Ce département possède sa salle de travail spéciale.

On a placé dans le belle galerie Mazarine, comme en un musée, un certain nombre d'imprimés (diverses impressions xylographiques ; volumes provenant des premières imprimeries de Mayence, Strasbourg, Paris, Cologne, etc. ; spécimens des plus belles reliures) et de manuscrits qui sont de véritables reliques.

Médailles, pierres gravées et antiques. — Le Cabinet des médailles, créé sous Louis XIV, compte aujourd'hui 200 000 médailles environ ; il est installé dans une belle salle (tableaux de Boucher, de Vanloo, de Natoire). On cite les collections du duc de Luynes (admirables médailles grecques), du baron d'Ailly, de Saïd-Pacha, les statuettes en terres cuites du vicomte H. de Janzé, du commandant Oppermann ; parmi les camées et intailles : un Jupiter lauré, don de Charles V à la cathédrale de Chartres, la Dispute de Minerve et de Neptune ; l'Apothéose d'Auguste, etc. ; armures et armes antiques, vases étrusques et grecs, objets d'art en bronze et en marbre.

Estampes. — Le Cabinet des estampes est installé dans une vaste galerie qui renferme, dans 20 000 volumes ou cartons, 2 200 000 pièces environ. Depuis les nielles florentines du xve siècle et les auteurs anonymes des bois gothiques, jusqu'aux lithographies de Mouilleron, tous les grands maîtres de la gravure figurent ici. Dans des cadres sont placées quelques estampes, qui représentent, par des chefs-d'œuvre, toutes les manières de graver connues.

Historique.

Charles V avait réuni au Louvre une première collection de livres manuscrits (910 volumes de 1373); elle fut dispersée après sa mort. Louis XI reconstitua cette bibliothèque; Louis XII la fit transporter dans son château de Blois, et recouvra une partie des manuscrits de Charles V. François Ier la réunit à la bibliothèque qu'il avait installée à Fontainebleau, et l'enrichit de nombreux manuscrits orientaux, grecs et latins. C'est lui qui institua « le dépôt légal », qui fut, malgré l'irrégularité de son application, le principal facteur des accroissements de la bibliothèque des livres français. La bibliothèque royale fut successivement transportée au Collège de Clermont, sur la montagne Sainte-Geneviève (par Henri IV, qui l'enrichit de 800 manuscrits, vers 1610; sur 4 712 numéros, on comptait à peine un millier de livres imprimés), puis au couvent des Cordeliers, puis rue de la Harpe, enfin, en 1666, rue Vivienne. Grâce à un legs très important, elle comptait déjà (en 1651, d'après le rapport de M. Georges Picot) 10 658 volumes imprimés. Sous Louis XIV elle s'accroît d'un grand nombre de collections privées : en 1688 (2e catalogue de Nicolas Clément), elle compte 43 000 volumes imprimés et 10 000 manuscrits. Sous Louis XV, l'accroissement fut aussi rapide (Cabinet généalogique formé par d'Hozier, collection de Colbert, etc.). En 1721, la Bibliothèque fut transférée rue Richelieu, dans l'hôtel de Nevers, partie de l'ancien hôtel de Mazarin, et où la banque de Law avait eu quelque temps ses bureaux. La seconde partie de l'hôtel de Mazarin, sur la rue Vivienne, fut bientôt destinée à agrandir les galeries de la Bibliothèque; en 1733 on adjoignit au corps de logis de la rue de Richelieu un salon destiné à renfermer le Cabinet des médailles. Les bâtiments de la bibliothèque ne devaient plus être modifiés que sous le second Empire.

La Révolution devait apporter à la Bibliothèque, devenue nationale, l'accroissement le plus considérable; la suppression des couvents, la dispersion des ordres religieux, l'abolition des corporations, en effet, firent entrer dans ses dépôts une foule de collections précieuses formées et conservées surtout par les chapitres et couvents (en particulier, les restes de la riche bibliothèque de Saint-Germain des Prés, brûlée en partie en 1794). En 1838, elle renfermait 520 000 imprimés et 800 000 en 1851. Depuis elle s'est constamment enrichie par des dons, par le dépôt légal, par des échanges internationaux, par un service d'acquisitions bien organisé (80 000 francs d'achats en moyenne par an). De bonne heure, les collections avaient été à l'étroit dans les anciens bâtiments. Sous le second Empire, Labrouste reconstruisit la façade sur la rue de Richelieu, et, démolissant plusieurs maisons qui donnaient sur la rue des Petits-Champs, édifia la grande salle du magasin des imprimés, et la salle de travail située à son extrémité nord. Cette salle, ouverte le 5 juin 1868, a 1 156 mètres de superficie et affecte à peu près la figure d'un carré ; elle est couverte par neuf coupoles éclairées par le haut et reposant sur deux rangées de colonnes de fonte, qui la divisent en trois nefs. Enfin, à l'heure actuelle, l'architecte, M. Pascal, procède à la construction de nouveaux magasins en bordure de la rue Colbert; sur la rue Vivienne, dans un terrain laissé vague, une nouvelle salle de lecture sera édifiée quand auront été votés les crédits nécessaires.

BIBLIOTHÈQUE MAZARINE

AU PALAIS DE L'INSTITUT (23, QUAI CONTI)

Administrateur : M. ALFRED FRANKLIN

C'est, après la Bibliothèque nationale, et avec la Bibliothèque Sainte-Geneviève, la plus importante bibliothèque publique de Paris.

Historique.

Elle fut réunie, en 1643, pour le cardinal Mazarin, par le savant Gabriel Naudé; elle comptait 12 000 volumes environ; dès cette époque elle était publique. Un jour par semaine, tout lecteur y était admis. Elle était installée dans l'hôtel habité alors par Mazarin, c'est-à-dire dans une partie du local occupé aujourd'hui par la Bibliothèque nationale. Dispersée presque complètement au moment des troubles de la Fronde, reconstituée peu après, elle fut transférée en 1688 auprès du Collège Mazarin ou des Quatre-Nations, dans des bâtiments construits à cet effet sur le modèle de ceux du Palais Mazarin. Dès 1665, la fondation avait été déclarée royale par lettres patentes de Louis XIV. Elle avait une dotation spéciale provenant de la rente du prix payé par le roi pour l'achat des manuscrits de Mazarin (1684). En 1688, au moment du transfert, l'administration en fut remise aux docteurs de Sorbonne par les exécuteurs testamentaires du cardinal. Le 7 mai 1791, remise en fut faite à l'État par l'abbé Hooke, à l'occasion de son refus de prêter serment à la constitution civile du clergé. Ce fut alors seulement qu'elle devint propriété nationale. Pendant la Révolution, elle s'enrichit d'un grand nombre de livres et manuscrits provenant des établissements religieux, et notamment de l'abbaye Saint-Victor. La Bibliothèque a été restaurée en 1862.

État actuel et richesses.

La Bibliothèque Mazarine, qui ne compta longtemps qu'environ 60 000 volumes, est riche aujourd'hui de 250 000 volumes, dont 1900 incunables, et de 6 000 manuscrits, provenant pour la plupart d'abbayes et de couvents. Elle possède un grand nombre de livres imprimés au xv° siècle; sous des vitrines, dans des casiers spéciaux, ont été placés les manuscrits précieux et les plus belles reliures. Une sorte de musée est constitué par une collection unique de 80 modèles en relief, en gypse colorié, des monuments pélasgiques d'Italie et de Grèce ; ce fut le 12 brumaire an XII (3 novembre 1803) que M. Petit-Radel fit à l'Institut sa première conférence sur les manuscrits pélasgiques, et il donna à la Bibliothèque mazarine, dont il fut jusqu'à la mort le conservateur, les copies de ces monuments sur lesquels il avait fait d'importants travaux.

La Bibliothèque Mazarine, ouverte au public tous les jours, possède une grande salle de lecture ; mais elle est beaucoup moins fréquentée que la Bibliothèque Nationale, et même que la Bibliothèque Sainte-Geneviève. La fermeture annuelle a lieu du 15 septembre au 1er octobre.

BIBLIOTHÈQUE SAINTE-GENEVIÈVE

PLACE DU PANTHÉON

Administrateur : M. Ch. E. RUELLE

Historique.

Cette Bibliothèque doit son origine aux religieux Genovéfains, qui la constituèrent avec un fonds légué à eux par le cardinal François de La Rochefoucauld, abbé commandataire de Sainte-Geneviève (1624). Elle s'accrut dès lors activement de livres de théologie, de science, d'histoire ecclésiastique. En 1692, un catalogue (un énorme in-folio), dénombre ainsi ses richesses : « Antiquités de la religion des chrétiens, des Égyptiens et des Romains, tombeaux, poids et médailles, monnaies, pierres antiques gravées, minéraux, talismans, lampes antiques, animaux les plus rares et les plus singuliers, coquilles les plus considérables, fruits étrangers, quelques plantes exquises. » Il faut ajouter une superbe galerie des portraits des rois de France. En 1675, ces collections furent transportées dans une galerie, agrandie en 1730, et qui prit la forme d'une croix, avec

coupole centrale (peinture décorative de Jean Restout) ; cette
galerie, aujourd'hui, fait partie des dortoirs du Lycée Henri IV.
Avec la Révolution, la Bibliothèque, qui s'était fort enrichie au
XVIIIe siècle, devint propriété nationale ; elle possédait alors
80 000 volumes et 3 000 manuscrits. Jusqu'alors elle n'était
ouverte au public que de 2 à 5 heures ; elle devint désormais
pleinement publique. En l'an V, on supprima son Cabinet de
curiosités : ses médailles allèrent grossir la collection de la
Bibliothèque nationale ; les autres objets furent répartis entre
les différents établissements scientifiques auxquels leur nature
les destinait. En 1843 on transféra provisoirement la Bibliothèque
dans les bâtiments de l'ancien Collège Montaigu, et on commença à construire un édifice spécial. C'est la Bibliothèque
actuelle, terminée en 1850, sur les dessins de M. Henri
Labrouste.

État actuel et richesses.

La Bibliothèque Sainte-Geneviève compte aujourd'hui plus
de 200 000 volumes imprimés et 4 000 manuscrits ; il y faut
joindre 25 000 estampes. Les principales collections sont :
1° un fonds unique de théologie catholique et protestante ;
2° la série des impressions de la fin du XVe siècle, dits incunables ; 3° une collection d'Aldes, aussi complète que possible
et plus remarquable encore par le bel état de conservation des
exemplaires ; 4° une collection d'Elzévirs ; 5° un très grand
nombre de livres italiens du XVIe siècle, dont quelques-uns
sont des chefs-d'œuvre de typographie et dont plusieurs sont
rarissimes ; 6° une belle collection des *Imitation de Jésus-Christ ;*
7° un fonds scandinave, unique en France (9 000 volumes) ;
8° un choix remarquable fait par Daunou lui-même de
grands ouvrages à gravures sur la colonne Trajane, sur les
fresques du Vatican, sur le Musée clémentin, sur les collections artistiques d'Italie ; 8° une collection complète de jour-
naux et recueils littéraires ou politiques depuis le XVIIe siècle
jusqu'à l'Empire.

Dans la salle dite de la Réserve sont conservées les pièces les plus précieuses, des manuscrits surtout. Les plus belles d'entre elles sont : un manuscrit de la *Cité de Dieu*, de Saint-Augustin (xive siècle) ; un manuscrit de Tite-Live, décoré de miniatures, ayant appartenu à Charles V ; un évangéliaire du xie siècle ; un manuscrit des Chroniques de Saint-Denis, etc.

La Bibliothèque Sainte-Geneviève est constituée principalement par une énorme salle de lecture, où 420 lecteurs trouvent place, et qui occupe, au premier étage, presque toute la superficie du bâtiment ; tout autour, contre les murs, sont rangés les livres. La Bibliothèque Sainte-Geneviève est fréquentée, chaque jour, par un millier de personnes, dont la plupart sont des étudiants ou élèves des établissements voisins. C'est la seule grande bibliothèque qui soit ouverte le soir (depuis 1838). La fermeture annuelle a lieu du 1er au 15 septembre.

BIBLIOTHÈQUE DE L'ARSENAL

QUAI DE SULLY

Administrateur : M. le vicomte DE BORNIER
de l'Académie française.

La Bibliothèque de l'Arsenal occupe l'ancien hôtel de Sully et des grands maîtres de l'artillerie. Elle a été fondée par René d'Argenson au xvie siècle et compte aujourd'hui plus de 500 000 imprimés, 12 500 volumes manuscrits, parmi lesquels le célèbre missel de Blanche de Castille , [plus une collection curieuse de pièces de théâtre et de documents relatifs à la Bastille.

MUSÉE DU LOUVRE

AU PALAIS DU LOUVRE (ENTRÉE PRINCIPALE : PAVILLON DENON,
SUR LA PLACE DU CARROUSEL)

Directeur : M. KAEMPFEN
Directeur des Musées nationaux.

Le Musée du Louvre comprend en réalité sept musées différents qui ont chacun à leur tête un conservateur spécial et qui
sont, d'après la division officielle : 1° peintures, dessins, chalcographie (M. G. Lafenestre, conservateur); 2° antiquités
grecques et romaines (M. Héron de Villefosse, conservateur) ;
3° antiquités orientales et céramique antique (M. Léon Heuzey,
conservateur); 4° antiquités égyptiennes (M. Pierret, conservateur); 5° sculpture du moyen âge, de la Renaissance et des
temps modernes (M. André Michel, conservateur); 6° objets
d'arts du moyen âge, de la Renaissance et des temps modernes
(M. Molinier, conservateur) ; 7° marine et ethnographie (M. le
vice-amiral Miot, conservateur).

Historique.

C'est à François Ier qu'il faut faire remonter l'origine du
Musée du Louvre. Ce roi, aidé des conseils du Primatice et
d'Andrea del Sarto, réunit à Fontainebleau une collection
appelée le Cabinet du roi ; la *Joconde*, de Léonard de Vinci,
six Raphaël, deux portraits du roi par le Titien et Clouet, figuraient dans cette collection. Celle-ci, jusqu'à Louis XIV, s'enrichit peu. Sous Louis XIV, elle fut transportée au Louvre
(1681), sous la direction du peintre Lebrun ; elle s'augmenta
pendant ce règne d'un millier de tableaux et d'environ
5 000 dessins. Ce fut surtout dû à Colbert, qui acheta les chefs-

d'œuvre de la collection Mazarin et une grande partie de la galerie du duc de Mantoue, la plus belle du siècle ; cette galerie avait été acquise par Charles Ier d'Angleterre, puis par le banquier Jabach, qui la vendit à Colbert. Ainsi était fondé le Cabinet des dessins. Le Musée de chalcographie fut commencé vers cette époque. En 1710, l'inventaire enregistre 2 403 tableaux. Sous Louis XV, les collections royales s'augmentèrent de la collection du prince de Carignan, de commandes faites aux peintres français, d'un grand nombre d'acquisitions des écoles flamande et hollandaise. Malheureusement, ces collections avaient été transportées au palais du Louvre et n'étaient plus visibles pour les artistes et pour le public. De 1750 à 1775, un choix de 110 tableaux fut installé au Luxembourg ; puis ces tableaux furent transportés de nouveau à Versailles.

Ce fut l'Assemblée constituante qui, reprenant une idée émise en 1775 par le comte d'Angiviller, intendant des bâtiments, décréta le 27 mai 1791, sur la proposition de Barère, que « les Tuileries et le Louvre formeraient un palais national, destiné à l'habitation du roi et à la réunion de tous les monuments des sciences et des arts ». En 1792 fut instituée par le ministre Roland une commission chargée d'organiser le « Muséum national des arts ». Le 10 août 1793 (23 thermidor an II), le Musée fut ouvert au public. Sous le Directoire et sous l'Empire, les collections s'accrurent rapidement des chefs-d'œuvre enlevés à l'étranger ; mais la plupart de ceux-ci (5 233 œuvres d'art, dont environ 2 000 toiles) leur furent repris en 1815. Louis XVIII acquit la *Vénus de Milo*, augmenta la galerie de peinture, réunit les premiers éléments de la sculpture moderne, soit 94 pièces (1824). Sous Charles X fut organisé le Musée des antiquités grecques et égyptiennes, constitué par l'achat des collections Révoil et Durand ; ce fut à cette époque qu'entra au Louvre le *Radeau de la Méduse*, de Géricault. Sous Louis-Philippe fut créé le Musée assyrien. La République de 1848 améliora l'aménagement intérieur des galeries, restaura et embellit le Salon carré, la Galerie d'Apollon ; les tableaux furent rangés méthodiquement ; de

1850 à 1852, de nouvelles œuvres provinrent des ventes du roi de Hollande, de Louis-Philippe, du maréchal Soult. Sous Napoléon III, qui fonda le Musée des souverains, dispersé en 1870, achat de la collection célèbre du marquis de Campana (200 toiles environ de l'école italienne), entrée de 42 tableaux provenant de Notre-Dame, legs de la collection du docteur Lacaze, d'un prix inestimable (1869, 275 peintures de toutes écoles), achat de 53 peintures de choix.

Depuis 1870, les accroissements n'ont pas cessé; signalons les legs de M. Thiers, du baron Davillier, le legs Boucicaut; deux salons furent créés : celui de la peinture française moderne et celui des portraits d'artistes. En 1889, est créée la galerie de sculpture du moyen âge français. Récemment, en 1900, une partie des galeries a été heureusement remaniée.

Organisation actuelle.

La division en sept départements est due au décret du 5 septembre 1888, complété par celui du 14 janvier 1896. Les conservateurs sont nommés par décret présidentiel; ils sont assistés d'attachés payés ou libres, nommés par arrêté ministériel; ces derniers sont choisis de préférence parmi les anciens élèves de l'École du Louvre et des grands établissements scientifiques ou littéraires de l'État. La surveillance des salles est assurée par 150 gardiens de tous grades; il y a en outre, au Louvre, 4 ateliers qui occupent environ 30 ouvriers (mouleurs, chalcographes, marbriers, etc.). Les moulages comme les gravures sont mis en vente à des prix très modérés, et le produit de cette vente est versé dans la caisse spécialement affectée aux acquisitions d'œuvres ayant un caractère artistique, archéologique ou historique (loi de finances du 16 avril 1895); ces ressources peuvent être évaluées approximativement à 45 000 francs par an. Les conservateurs et conservateurs adjoints forment le comité consultatif qui propose les acquisitions d'œuvres d'art; ces propositions sont soumises ensuite, dans certains cas, au conseil des musées nationaux. Le budget du Musée du Louvre ne figure pas séparément dans les crédits affectés au ministère de l'Instruction publique et des Beaux-Arts ; il se confond avec celui des trois autres musées nationaux ; mais il peut être évalué approximativement à un demi-million de francs pour le personnel, à 300 000 francs pour le matériel.

Peintures et Dessins.

Toutes les écoles de peinture sans distinction sont représentées au Louvre. Les tableaux, au nombre de 7 000 environ, sans compter les plafonds, sont répartis en dix-sept salles, dont seize au premier étage, et une, la dix-septième, au second. Ce sont : la salle Lacaze (école française des XVIIe et XVIIIe siècles ; quelques Flamands et Hollandais), la salle Henri II (école française du XIXe siècle), la salle des Sept-Cheminées (école française du premier Empire et de la Restauration), le Salon carré (chefs-d'œuvre de toutes les écoles), la salle Duchâtel, la grande galerie (Italie, Espagne, quelques maîtres français des XIVe, XVe et XVIe siècles), la salle des Sept-Mètres (primitifs italiens), salle VIII (peinture française du XIXe siècle), salle IX (toiles récemment acquises), salle X (Lesueur), salle XI (la petite collection anglaise), salle XII (école allemande), salle XIII (école française du XVIIIe siècle), la salle Mollien (école française du XVIIe siècle), salon Denon (portraits d'artistes), salle Daru (école française du XVIIIe siècle), salle XVII (écoles diverses). Les dessins exposés de toutes les écoles, au nombre de 3 000 environ, occupent onze salles dans l'aile ouest et nord ; plus de 250 00 dessins non exposés sont conservés dans des cartons que les érudits et les amateurs peuvent visiter sur demande. Les pastels sont groupés dans deux salles de l'aile nord, dont l'une est enclavée dans les salles de dessins et l'autre se trouve à l'extrémité de ces salles.

Sculpture et Objets d'art.

Le Département de la sculpture du moyen âge, de la Renaissance et des temps modernes compte environ 800 numéros ;

ses origines remontent à la suppression du musée des Monuments français (ordonnance du 18 décembre 1816). Le moyen âge est représenté, dans les salles du rez-de-chaussée de l'aile sud par une série de têtes et de fragments de sculpture des XIIe et XIIIe siècles, ainsi que des *gisants* de femmes et de chevaliers du XIVe. Dans les salles qui font suite, la renaissance française ; dans l'aile ouest, le XVIIe, le XVIIIe et toute l'école du XIXe siècle, depuis Canova jusqu'à Carpeaux, en passant par Rude et Pradier. A la sculpture italienne, sont réservées deux salles (côté sud).

Le département des objets d'art des mêmes époques comprend, en outre de la galerie d'Apollon, qui renferme des pièces admirables (orfèvrerie, émaux, cristaux, bijoux), plusieurs salles dans une partie de l'aile nord et de l'aile est du vieux Louvre. Dans ces dernières années, un groupement a été fait et les bronzes, les faïences, la ferronnerie, la verrerie, les ivoires ont des salles spéciales. Au-dessous de la grande galerie, cinq salles sont occupées par la collection de céramique chinoise, offerte à l'État en 1894.

Antiquités.

Le Département égyptien doit sa formation et presque toutes ses richesses aux découvertes de Champollion et de Mariette ; il comprend quatre salles au rez-de-chaussée et cinq salles au premier étage. Les antiquités orientales ont été réunies grâce aux fouilles de MM. Botta (1842), Victor Place (1852), Renan, Waddington, de Vogüé, Heuzey, Dieulafoy, etc. ; elles se divisent en série chaldéo-ongréenne (rez-de-chaussée, et quatre salles au premier étage), salle judaïque, salle phénicienne et chypriote. Le Louvre est le musée du monde qui possède la plus riche collection de céramiques antiques : plus de 6 000 pièces méthodiquement classées. L'embryon de cette collection était formé par cinq vases étrusques envoyés de Versailles en 1797. Aujourd'hui, la céramique grecque occupe onze salles du premier étage (ailes sud du vieux Louvre) ; dans la salle M sont les vases trouvés en Cyrénaïque, en Crimée, à Tarse et dans l'Égypte Alexandrine. Les antiquités grecques et romaines sont renfermées dans la galerie Mollien, Donon (bronzes), la salle d'Afrique, la rotonde et de nombreuses salles du rez-de-chaussée ; au haut de l'escalier Daru, on peut admirer la *Victoire de Samothrace*, chef-d'œuvre du IVe siècle avant notre ère, trouvée en 1863 par M. Champoiseau, consul de France. La *Vénus de Milo* a été donnée en 1821 à Louis XVIII par le marquis de Rivière, ambassadeur de France.

Marine et Ethnographie.

Ce musée, qui occupe les salles nord et nord-est du vieux Louvre, n'a été définitivement constitué qu'en 1860 ; cependant, déjà au XVIIe siècle, une collection importante de modèles de vaisseaux avaient été exposés dans la salle qui porte aujourd'hui le nom de Lacaze. Ce musée actuel, récemment réorganisé, comprend : une belle salle de meubles chinois, une salle d'armes, étoffes, pirogues, instruments divers des peuples océaniens, et, dans un grand nombre de petites salles, les divers modèles d'embarcations, galères, navires à voile et à vapeur qui racontent l'histoire de la marine française depuis le XVIIe siècle ; dans ces salles ont été également réunis tous les accessoires de construction et d'armement (plans, armes, phares, etc.). Au milieu de la salle centrale, on peut voir les débris du naufrage de La Pérouse et les bustes des plus célèbres navigateurs français.

MUSÉE DU LUXEMBOURG

DANS LE JARDIN DU LUXEMBOURG, ENTRÉE RUE DE VAUGIRARD

Conservateur : M. LÉONCE BÉNÉDITE

Ce musée est consacré aux ouvrages des peintres et sculpteurs contemporains.

Les origines de ce musée remontent à 1750 ; un amateur,

La Font de Saint-Jenne, proposa de réunir en ce lieu où les artistes et le public soient admis à les contempler, les chefs-d'œuvre du cabinet du roi, disposés dans le Palais de Versailles. Une collection de 110 tableaux de choix (aujourd'hui au Louvre), fut transportée au Palais du Luxembourg; dès 1775, elle revenait à Versailles. En 1801, un nouvel essai fut tenté; mais ce n'est que de 1818 que date le musée actuel: Louis XVIII installa au Luxembourg une deuxième collection, en l'affectant aux ouvrages des artistes français vivants. Cette collection occupa d'abord plusieurs salles du palais, dit le Grand Luxembourg, en face de la rue de Tournon. Mais ces locaux ayant été réclamés par les services du Sénat, on construisit dans le jardin, sur la rue de Vaugirard, un bâtiment spécial auquel fut réunie l'ancienne orangerie du palais.

Réglementairement, le musée du Luxembourg ne doit conserver ses richesses que pendant la vie des auteurs et pendant les cinq premières années qui suivent leur mort; mais ce délai est assez souvent dépassé. Les œuvres qui quittent le musée sont transférées soit au musée du Louvre, soit dans des musées de province, soit dans des monuments de l'État. La sculpture a été placée tout autour du monument principal et dans la grande salle d'entrée; dans cette salle se trouvent aussi les médailles. Les salles qui suivent (ancienne orangerie), sont affectées à la peinture. Le musée du Luxembourg, comme les autres musées nationaux, est ouvert tous les jours, à l'exception du lundi.

MUSÉE DE CLUNY

ENTRE LES BOULEVARDS SAINT-MICHEL ET SAINT-GERMAIN
ET LES RUES DU SOMMERARD ET DE CLUNY

Directeur : M. EDMOND SAGLIO

Ce musée est consacré aux antiquités nationales, il occupe les ruines du palais, connu sous le nom de Thermes de Julien, et l'ancien hôtel de Cluny. En réalité le palais, d'après son système de construction et le caractère de l'appareil, aurait été élevé sous Constance Chlore (de 292 à 306). Julien y fut proclamé auguste en 360. Habité par les rois francs jusqu'à la fin du xe siècle, puis délaissé par les Capétiens qui firent construire le Palais de la Cité, il était, en partie, ruiné par les invasions normandes lorsqu'il fut donné par Philippe-Auguste à son chambellan Henri; bientôt les jardins et constructions qui en dépendaient furent morcelés et, vers le milieu du xive siècle, l'évêque de Bayeux vendit les restes du palais des Thermes à Pierre de Châlus, abbé de Cluny. Les moines de cette abbaye en restèrent propriétaires jusqu'à la Révolution. Les ruines furent alors aliénées à des particuliers qui installèrent un jardin sur la voûte romaine et au-dessous de vulgaires industries. Louis XVIII paraît avoir eu la pensée de créer là une sorte de musée, projet qui n'eut pas de suite. Ce fut seulement sous Louis-Philippe que la Ville de Paris rentra en possession du palais des Thermes ; elle le céda à l'État en 1843.

Lorsque Pierre de Châlus avait acheté le palais des Thermes, c'était dans l'intention de construire, près du collège que son ordre possédait à côté de la Sorbonne, une résidence pour les abbés de Cluny lors de leurs fréquents séjours à Paris, mais c'est seulement sous Charles VIII que Jean de Bourbon, un des successeurs de Pierre de Châlus, entreprend la charmante construction que nous connaissons et qui n'est achevée que vers la fin du xve siècle, par Jacques d'Amboise, abbé de Jumièges et évêque de Clermont; frère du ministre de Louis XII et personnage d'importance aux libres allures, lettré, curieux, presque artiste, il fut un de ces hommes qui assistèrent sans frémir aux premières fêtes de la Renaissance française. L'hôtel de Cluny a été habité par Marie d'Angleterre, veuve de Louis XII, par le roi d'Écosse Jacques II, par le cardinal de Lorraine et le duc de Guise. Sous Henri III, des comédiens italiens y ont joué leurs pastorales amoureuses ; à la fin du xviiie siècle « le sieur Moutard, imprimeur-libraire », occupait les principaux appartements, et un membre de l'Académie des sciences, Messier, avait installé au-dessus de la chapelle une sorte d'observatoire. Après la Révolution, l'hôtel passa de main en main et allait peut-être disparaître pour faire place à une banale construction moderne, lorsqu'un membre de la Cour des Comptes, M. Alexandre du Sommerard, s'en rendit propriétaire et y installa les curiosités archéologiques, les meubles anciens, les objets d'art du moyen âge qui formaient ses précieuses collections. A sa mort, survenue en 1842, la Ville acheta l'hôtel et le musée. La Chambre des députés adopta l'année suivante, sur le rapport de François Arago, un projet de loi qui autorisait le gouvernement à reprendre, au nom de l'État, les collections de M. du Sommerard et les constructions qui les renfermaient. Un crédit de 590 000 francs ayant été voté dans ce but, c'est en vertu de la loi du 24 juillet 1843 que fut fondé le musée des Thermes et de l'hôtel de Cluny, ouvert en 1844. Depuis, des annexes ont été ajoutées. Principalement consacré aux monuments, meubles et objets d'art du moyen âge et de la Renaissance, le musée compte encore des objets très remarquables des époques antérieures ainsi que du XVIe au XVIIIe siècle.

Rez-de-chaussée. — 1re salle : panneaux sculptés, bahuts, poids ; 2e salle : peintures sur cuir doré, chaussures, dressoirs, armoiries, cheminées ; 3e salle : dressoirs, bahuts, peintures, miniatures et manuscrits, poteries et plombs du moyen âge ; 4e salle : meubles français, flamands et hollandais, monnaies, jetons, médailles, vitraux ; 5e salle : panneaux en cuir de Cordoue, collection Audéoud, meubles, objets d'art italiens et espagnols XVIe et XVIIe siècles.

Corridor. — Peintures italiennes et espagnoles, triptyques et retables.

Galerie des sculptures. — Statues en pierre et en bois, peintures du moyen âge, mosaïques, carrelages, tombeaux des grands maîtres de Rhodes, tapisseries.

6e salle : ornements épiscopaux, coiffures et vêtements de femme ;

7e salle : meubles sculptés, autels et manteau de l'ordre du Saint-Esprit.

Salle des carrosses. — Traîneaux, harnachements, chaises à porteur, escalier sculpté du début du xviᵉ siècle.

1ᵉʳ *étage.* — Armes et armures, étendards, faïences, groupes de Clodion, objets orientaux, vitraux du xviᵉ siècle, cheminée francaise du xviᵉ siècle, cristaux, orfèvrerie émaillée, collections hébraïques, orfèvrerie, bijoux gaulois, trésor de Guarrazar, lit du maréchal d'Effiat (xviiiᵉ siècle) reliures.

Chapelle. — Retable, chaire, châsses et tableaux en bois sculpté, lutrin en cuivre.

Palais des Thermes. — Frigidarium, piscine avec mosaïques, sculptures gallo-romaines, statue de Julien, autels gallo-romains, meules, tombeaux mérovingiens. Le trepidarium n'a plus de voûte.

Dans le jardin. — Statues, ornements, restes d'architecture et de sculpture d'église.

Un square, récemment ouvert sur les terrains de l'ancienne librairie Delalain, acquis par la Ville au prix de 1 200 000 francs, permet d'admirer de la rue des Ecoles la ravissante facade de l'hôtel de Cluny.

Le musée est ouvert tous les jours, sauf le lundi et les jours de fêtes réservées.

MUSÉE GALLIÉRA

10, RUE PIERRE-CHARRON

Conservateur : M. Cʜ. FORMENTIN

La duchesse de Galliéra, qui possédait une galerie de tableaux et une collection d'objets d'art fort connues, eut vers 1873 la pensée généreuse de réunir toutes ces richesses en un musée qu'elle ferait construire spécialement et qu'elle offrirait à la Ville de Paris.

Ce projet fut aussitôt mis à exécution, et au fond d'un grand parc que borne l'avenue du Trocadéro, commença bientôt à s'élever le très bel édifice qui porte aujourd'hui le nom de Palais Galliéra. L'architecte Ginain avait été chargé de sa construction, et reçut mission de faire grand et beau et de n'épargner ni le temps ni l'argent : l'achèvement du palais demanda dix ans et coûta, parc compris, 7 millions de francs.

Mais pendant ces dix années, les projets de la bienfaitrice s'étaient modifiés ; divers incidents et notamment l'attitude du Conseil municipal dans les questions de la laïcisation de l'enseignement avaient froissé les sentiments intimes de la duchesse de Galliéra, en sorte que, lorsqu'elle mourut, en 1889, la Ville de Paris hérita bien du palais qu'on venait de terminer, mais ne reçut aucun des objets d'art qui y étaient destinés.

Le Conseil municipal décida alors d'y créer un musée d'art industriel, et à partir de cette époque commença d'acheter chaque année des objets précieux : bronzes, étains, émaux, céramiques, etc., destinés à ce musée. Malheureusement les crédits dont il dispose sont assez restreints et, bien que le musée ait été inauguré en 1895, c'est à peine si, à l'heure actuelle, le conservateur, M. Ch. Formentin, a pu, avec ces objets, garnir une des petites salles du musée, et deux vitrines de la grande salle. Par contre, on a tendu tout le Palais de belles tapisseries des Gobelins (série du martyre de Saint-Gervais et Saint-Protais, d'après Philippe de Champaigne ; scènes de bivouac, Achille armé par Thétis, etc.) et, provisoirement, on a orné les tables et les galeries de marbres achetés aux derniers salons. Le musée n'est donc encore à proprement parler qu'en formation : il est même question, pour utiliser ses vastes salons, d'y faire périodiquement des expositions d'art industriel : arts du meuble, de la céramique, etc.

MUSÉE CARNAVALET
ET BIBLIOTHÈQUE SAINT-FARGEAU

Conservateurs : MM. CAIN et LE VAYER

Construite vers 1550, par Pierre Lescot pour un président
au Parlement, Jacques de Liqueris, la maison dont on a fait le
Musée historique de la Ville de Paris fut acquise en 1578 par
Françoise de la Baume, veuve d'un seigneur breton, François
de Kernevenoy. Du breton Kernevenoy, on fit le français Carnavalet et c'est ainsi que l'hôtel fut baptisé du nom qu'il porte
encore aujourd'hui. Décoré lors de sa construction par Jean
Goujon, restauré et agrandi plus tard par Mansard, l'hôtel
devint, en 1677, la propriété de Mme de Sévigné qui y demeura
jusqu'à la fin de sa vie. Puis, à partir de 1696 et pendant
presque tout le xviiie siècle, il servit d'habitation à plusieurs
riches financiers.

Vint la Révolution. Les financiers disparurent et ce fut l'École
nationale des Ponts et Chaussées qui prit possession de l'hôtel.
Elle y resta jusqu'en 1830, puis, comme elle émigra ailleurs,
ce furent deux pensionnats de garçons qui, successivement,
s'installèrent à sa place. Enfin, en 1866, la Ville de Paris,
désireuse de sauvegarder ce qui restait intact de l'artistique
demeure de Mme de Sévigné, acheta l'hôtel pour 900 000 francs,
sans d'ailleurs bien savoir ce qu'elle en pourrait faire.

Telle était la situation en 1872, et, sans doute, Carnavalet
serait longtemps encore, resté inutilisé, si, à cette époque, un
bibliophile, M. Cousin, n'avait eu l'idée d'offrir à la Ville, pour
remplacer la bibliothèque historique de l'Hôtel de Ville, brûlée
en 1871, 10 000 volumes ayant trait à l'histoire de Paris et surtout à l'époque révolutionnaire. La Ville accepta, et du même
coup nomma M. Cousin conservateur de la bibliothèque, lui
laissant le soin de l'installer à Carnavalet.

M. Cousin, raconte M. Pierre Despatys dans son livre sur

les Musées de la Ville de Paris, eut alors l'idée de créer, à côté
de la bibliothèque, un musée « qui devait être la justification
de tous les faits que contenaient ses livres ». Et il groupa peu
à peu toutes sortes de pièces, les unes de grand prix, les autres
sans aucune valeur intrinsèque, mais ayant entre elles ce lien
commun d'être des « documents » de l'histoire de Paris et de
la Révolution.

Des collectionneurs, des artistes en grand nombre vinrent
en aide à M. Cousin : M. de Liesville, entre autres, ajouta
10 000 volumes à la bibliothèque, dota le musée naissant d'un
ensemble de bibelots datant de la Révolution et d'une belle
collection de faïences d'art. Si bien qu'en peu d'années, la
maison, malgré qu'on l'eût agrandie (1888-89) par l'adjonction
de quelques immeubles voisins, devint trop étroite pour contenir toutes ses richesses. Les collections qui d'abord n'avaient
été qu'un complément de la bibliothèque, étaient devenues si
importantes et si nombreuses qu'elles avaient pris la première
place et petit à petit envahissaient toutes les salles : il fallut
bien, bon gré malgré, reléguer ailleurs la bibliothèque.

On acheta pour elle l'hôtel Lepelletier de Saint-Fargeau situé
à quelques pas de Carnavalet, et c'est là que définitivement,
M. Le Vayer, bibliothécaire, transporta ses 80 000 volumes
et ses 600 manuscrits, tandis que le Musée restait à Carnavalet
où M. Cain, conservateur pour la Ville, après M. Cousin et
M. Faucon, est actuellement chargé de la direction.

Chaque fois que les collections, augmentant d'importance,
avaient nécessité l'adjonction d'une salle ou d'un pavillon
nouveau, le musée historique avait dû être quelque peu remanié. Il semble qu'après tous ces agrandissements successifs,
il ne doive plus maintenant changer beaucoup d'aspect, sinon
dans les dispositions de détail. D'ensemble, il comporte une
histoire, par la peinture ou la sculpture, du Paris de tous les
âges et une série de collections dans chacune desquelles sont
groupées les pièces se rapportant à une époque déterminée.

C'est dans les galeries du premier étage qui longent la rue
des Francs-Bourgeois qu'est la suite des tableaux et des sculp-

tures. Dans les galeries du rez-de-chaussée sont les collections d'objets de l'époque gallo-romaine ; le long des murs, une série remarquable d'enseignes du temps passé : d'hôteliers, de barbiers, de charrons, etc. D'autres collections spéciales sont réparties dans les autres salles des divers bâtiments. C'est une galerie de la Révolution avec portraits, bibelots de l'époque, autographes, etc., une salle de la Bastille : panoplies, ferrures de porte, drapeaux, etc..., une de Napoléon III, une autre des théâtres parisiens, une enfin, de la guerre de 1870-71 et du siège de Paris, installée et inaugurée il y a seulement deux ans.

MUSÉE GUIMET

PLACE D'IÉNA

Directeur : M. GUIMET. — *Conservateur :* M. DE MILLOU

Le Musée Guimet — musée d'histoire des religions — avait été d'abord installé en 1878, à Lyon, ville natale de M. Guimet. Celui-ci y avait rassemblé les nombreux objets de toute nature recueillis par lui au cours de ses missions en Asie, et une bibliothèque composée d'ouvrages et de manuscrits relatifs aux religions orientales.

Mais la véritable place d'un tel musée était à Paris, M. Guimet le comprit et offrit à l'État ses collections, à la condition qu'il resterait directeur du musée jusqu'à sa mort et que l'État lui servirait une rente de 45 000 francs, 16 000 francs devant être consacrés au personnel, 14 000 à la publication des *Annales du Musée* et d'une *Revue de l'histoire des Religions* et 15 000 aux dépenses diverses.

L'État accepta, et fit construire en 1885, à frais communs avec M. Guimet, sur un terrain offert par la Ville de Paris, le palais qui s'élève place d'Iéna. Dans les vastes salles de ce palais ont été répartis, suivant leur origine, les objets relatifs aux religions de la Chine, du Japon, de l'Inde, des peuples américains et océaniens, d'Égypte, de Grèce, de Rome, des Gaules, etc. Cette classification fait du musée une sorte d'histoire des religions, qui se déroule devant le visiteur au fur et à mesure qu'il passe d'une salle dans l'autre.

La publication des *Annales*, sorte de catalogue du musée, tenue constamment à jour, a commencé en 1880 et forme chaque année deux volumes.

MUSÉE CERNUSCHI

7, AVENUE VÉLASQUEZ

Conservateur : M. CAUSSE

Le Musée Cernuschi est un musée d'art sino-japonais. Il appartient à la Ville de Paris à laquelle M. H. Cernuschi, mort en 1878, l'a donné par testament.

M. Cernuschi, Italien d'origine — il était né à Milan en 1827 — vint en France vers la fin du second Empire. On l'en expulsa en 1870 parce qu'il avait subventionné pour 100 000 francs les comités anti-plébiscitaires, mais il y rentra dès la chute de l'Empire et se fit naturaliser Français.

La même année, il entreprit avec un de ses amis, M. Duret, un grand voyage en Extrême Orient. Successivement, il visita le Japon, la Chine et l'Inde, achetant toutes les œuvres d'art qui lui semblaient intéressantes et en formant une collection unique qu'à son retour, en 1873, il installa dans son hôtel de l'avenue Vélasquez.

C'est cette collection (plus de 2 500 bronzes et autant de pièces de céramiques) dont il n'existe malheureusement aucun catalogue, qui est répartie dans les deux vastes salles du rez-de-chaussée et dans les grands appartements du premier étage et que le public peut visiter trois fois par semaine, les mardi, jeudi et dimanche.

HOTEL DES MONNAIES

Directeur : M. ARNAUNÉ

C'est le 30 avril 1771 que l'abbé Terray, alors contrôleur général des finances, posa la première pierre du palais où devait
se fabriquer la monnaie. L'architecte Antoine en avait dressé
les plans : il en dirigea la contruction, qui fut terminée en
1778. La façade sur le quai Conti a pour base un soubassement
en bossage percé de cinq arcades. A l'aplomb des six colonnes
sont autant de statues représentant la paix, le commerce, la
prudence, la loi, la force et l'abondance, œuvres des sculpteurs Lecomte, Pigalle et Mouchy. L'arcade du milieu forme
l'entrée principale du monument; elle mène au vestibule
décoré de vingt-quatre colonnes doriques cannelées. A droite
de ce vestibule, un escalier monumental conduit au Musée
monétaire, visible chaque jour pour le public et où est exposée
une des plus belles collections du monde en monnaies,
médailles, et coins. Au fond, les portes donnent sur une
grande cour entourée d'une galerie sur laquelle s'ouvrent les
ateliers de monnayage.

A l'époque de la construction de l'Hôtel, la fabrication des
monnaies s'effectuait tout autrement qu'aujourd'hui; la force
motrice pour le laminage des métaux était fournie par des
chevaux attelés à un manège. Ce procédé fut modifié au commencement du xive siècle, et en 1807 tous les hôtels monétaires de France (il y en avait alors 18, dont chacun marquait
d'une lettre spéciale les monnaies frappées par lui) reçurent à
cette époque des balanciers de modèle nouveau. Au cours
d'années suivantes, on modifia les dimensions des *carrés* ou coins
en acier qui servent à la frappe dans le but de leur donner par
la trempe une dureté plus grande, puis on centralisa à Paris

la reproduction de ces coins, et aussi le service des essais effectués jusqu'alors dans chacune des monnaies de province.

Cette adjonction de divers services spéciaux donna à la Monnaie de Paris une importance de plus en plus grande. Malheureusement, l'établissement était, comme ceux de province, exploité par un « entrepreneur ». Celui-ci, par cela même que l'avenir ne lui était pas assuré, déconseillait toute innovation autre que celles qui promettaient un bénéfice immédiat. Aussi la fabrication ne se perfectionnait-elle que lentement et le fonctionnement de la monnaie laissait fort à désirer. On s'en plaignit au parlement, et en 1842, M. Pouillet, député, demanda, à propos d'un projet de loi sur la refonte des monnaies de billon, qu'on dépensât 2 millions pour remédier à l'état d'infériorité des ateliers de Paris. Cette proposition ne fut pas votée, mais on décida cependant certaines améliorations au régime de l'Hôtel des Monnaies. Dans les dernières années du règne de Louis-Philippe on remplaça les moteurs animés par des machines à vapeur et les balanciers par des presses ; plus tard, on inventa la balance automatique des pièces, qui supprima une main-d'œuvre coûteuse, et fut définitivement adoptée en 1875.

Mais c'est seulement à partir de 1880, date de la suppression des dernières monnaies de province et du remplacement de l'exploitation à l'entreprise par l'exploitation en régie que la Monnaie de Paris prit son complet développement. Les ateliers du bronze, de l'argent, de l'or, de la gravure et des machines furent reconstruits et les machines à vapeur de 1846 furent remplacées par des machines de puissance double : il en coûta à l'État un million et demi de francs. Puis partiellement, chaque année, on procéda au renouvellement de l'outillage. Ce renouvellement était terminé en 1890 ; et en 1891, le directeur, M. de Siron d'Airólles put entreprendre certaines améliorations dans les bâtiments au point de vue de l'hygiène et de la salubrité et dans les ateliers, en vue de leur meilleure utilisation.

Enfin M. de Foville, qui dirigea la Monnaie, de 1893 aux premiers jours de 1900, amena à son plus haut point la puissance de production de l'établissement. Une nouvelle machine fut installée, 2 ateliers de fonte, de laminage et de découpage de métal furent construits et munis d'un outillage neuf. Le nombre de pièces qui était de 20 en 1880 fut porté à 33 ; celui des balances automatiques, de 7 à 50. Bref, la Monnaie fut mise en état de fabriquer un million de pièces par jour.

La production totale des divers hôtels des Monnaies d'après l'origine du système décimal a d'ailleurs atteint des chiffres presque fabuleux. Au 31 décembre 1875 ce chiffre était, pour les espèces françaises seulement, de 15 349 270 715 francs 85 dont voici la répartition.

Pièces d'or :	de 100 francs.	60 663 200 francs.
	de 50 —	46 893 459 —
	de 40 —	204 432 360 —
	de 20 —	7 975 426 200 —
	de 10 —	1 044 617 730 —
	de 5 —	233 440 130 —
Pièces d'argent :	de 5 —	5 060 606 240 —
	de 2 —	177 863 534 —
	de 1 —	232 894 001 —
	de 0 fr. 50	126 431 527 fr. 50
	de 0 fr. 25	7 671 101 fr. 25
	de 0 fr. 20	8 252 720 fr. 60
Pièces de bronze:	de 0 fr. 10	37 004 709 fr. 90
	de 0 fr. 05	29 685 508 fr. 15
	de 0 fr. 02	2 055 209 fr. 52
	de 0 fr. 01	1 333 096 fr. 93

La Monnaie de Paris a fabriqué en outre depuis 1880, pour les colonies françaises et les pays de protectorat, des pièces spéciales d'or, d'argent, de nickel et de bronze, qui sont poinçonnées à la lettre A qui fut toujours la sienne. Ce sont : 43 173 346 piastres pour l'Indo-Chine ; 45 426 832 francs pour la Tunisie, en pièces de 20, 10, 2 et 1 francs, 50, 10, 5, 2 et 1 centimes ; 20 280 francs pour la Grande Comore, en pièces de 5 francs, 10 et 5 centimes, et 1 600 000 francs de bons de caisse de 1 franc et 50 centimes, en alliage de nickel pour la Réunion et la Martinique.

D'autre part, les États étrangers en grand nombre, conscients du soin apporté en France aux fabrications monétaires, ont demandé, de 1880 à 1899, qu'on fabriquât pour eux 279 910 837 pièces valant ensemble 305 717 053 fr. 82.

Voici la liste de ces commandes.

Bolivie (1883-99).	15 500 140 pièces pour	5 550 490 fr. »
Chili (1894-97).	281 — —	2 107 fr. 56
République dominicaine (1888-91).	2 575 000 — —	1 150 000 fr. »
Éthiopie (1894-99).	2 089 950 — —	7 050 273 fr. 75
Grèce (1882-95).	57 994 382 — —	18 149 604 fr. 15
Guatémala (1893-95)	110 — —	895 fr. 20
Haïti (1881-95).	35 408 645 — —	21 787 080 fr. 39
Lichtenstein (1898-99)	285 — —	1 570 fr. »
Maroc (1881-99)	54 960 274 — —	38 824 723 fr. 71
Monaco (1882-96)	95 000 — —	9 500 000 fr. »
Portugal (1891-92)	17 836 770 — —	8 850 609 fr. 06
Russie (1896-99)	82 000 000 — —	190 000 000 fr. »
Suisse (1894)	2 700 000 — —	3 000 000 fr. »
Vénézuela (1893-94)	3 750 000 — —	1 900 080 fr. »

Mais l'hôtel du quai Conti ne fabrique pas que des monnaies ; il fabrique aussi des médailles. La *Monnaie des médailles*, qui autrefois faisait partie de la maison du roi, a été réunie en 1832 à la *Monnaie des espèces*, et jusqu'en 1893 la fabrication des médailles a presque constitué un monopole ; la concurrence de l'industrie privée, admise depuis cette époque, n'a pas ralenti l'activité de l'atelier spécial des médailles à l'Hôtel des monnaies, et cet atelier a pris depuis quelques années une grande importance ; on l'a même, il y a cinq ans, entièrement reconstruit et réinstallé avec des balanciers et un outillage neuf. Cet atelier frappe pour l'État et pour les particuliers les médailles nombreuses dont les coins lui appartiennent et celles dont les coins lui sont fournis.

MANUFACTURE DES GOBELINS

AVENUE DES GOBELINS, 42

Administrateur : M. J. GUIFFREY

La Manufacture des Gobelins fabrique actuellement des tapisseries de haute lice et des tapis genre Savonnerie. Elle ne vend pas ses produits, dont la renommée est universelle.

Historique.

Au xvᵉ siècle, Jean Gobelin, bourgeois de Paris, fonda sur les bords de la Bièvre un atelier de teinture. Sous Henri IV, des tisseurs flamands furent installés dans les anciens locaux de la teinturerie : c'est à eux qu'est due réellement la première installation de la manufacture royale (1603). Colbert réorganisa celle-ci, et lui adjoignit la Manufacture royale des meubles de la couronne, qui eut successivement à sa tête Lebrun, Pierre Mignard, etc. En 1826, tous les tapissiers de basse lice furent réunis à ceux de Beauvais ; on plaça dans leurs ateliers devenus vacants les métiers de la Savonnerie servant à la fabrication des tapis. Cette industrie avait été fondée, sous Henri IV, par Pierre Duport (vers 1601) ; créée d'abord au Louvre, elle avait été transférée vers 1603 à Chaillot. Pendant près d'un siècle et demi, des Gobelins sortirent les plus beaux modèles de tapisseries, de tapis, d'orfèvrerie, de meubles, de mosaïques, de bronzes dorés. En 1867, le percement de l'avenue des Gobelins, en 1871, un incendie ont modifié l'aspect des constructions. Le bâtiment du musée a été élevé à la hâte pour l'Exposition de 1878.

Tapisseries de haute lice.

La haute lice n'est plus guère en usage aujourd'hui qu'aux Gobelins. Le travail s'effectue sur des métiers verticaux, de 1 mètre à 7m,50 de longueur; le modèle est dressé derrière l'ouvrier. La manufacture compte 12 métiers, installés dans 3 salles; le personnel ouvrier, 40 tapissiers. La fabrication d'un tapis est un travail complexe et long; un ouvrier, en moyenne, fabrique par an 1 mètre carré à 1m2,30; la production totale dans ces dernières années a été de 45 à 50 mètres carrés par an. Si deux ans suffisent à un apprenti pour acquérir les principes essentiels qui lui permettent de travailler aux parties accessoires, il ne faut pas moins de douze à quinze années de pratique pour former un maître tapissier. A l'atelier de haute lice est annexé l'atelier de réparation et de « rentraiture », où des femmes effectuent les coutures destinées à fermer les « relais », et le laboratoire et atelier de teinture; la Manufacture, en effet, teint elle-même ses laines : les nouvelles couleurs chimiques sont rigoureusement proscrites de cet atelier, qui n'emploie que les couleurs végétales (garance, indigo), et animales (cochenille). Cette teinturerie travaille aussi pour l'atelier de Beauvais. Les tapisseries exécutées aux Gobelins sont employées à décorer les palais et édifices publics, ou sont offertes en cadeau par l'État français à des souverains étrangers.

Tapis de Savonnerie.

La fabrication des tapis ne compte plus aujourd'hui que 12 ouvriers, installés sur un ancien atelier de basse lice, et que suffisent à occuper deux métiers. La supériorité de leur travail vient surtout de l'emploi exclusif des couleurs naturelles.

L'École des Gobelins.

L'École des Gobelins existe depuis l'organisation définitive de la manufacture par Colbert. Elle comprend des cours de dessin et une école technique de tapisserie. Les jeunes gens reçus élèves tapissiers après concours restent deux ans dans l'École de tapisserie, où ils apprennent les éléments de la technique : ils ne passent à l'atelier de haute lice qu'après une épreuve sérieuse consacrant leur habileté. Deux cours de dessin, d'après la bosse et la nature, embrassent toutes les études nécessaires aux tapissiers ; le cours élémentaire est ouvert aux enfants du quartier ; le cours supérieur est exclusivement réservé au personnel de la maison, et permet aux apprentis travaillant déjà sur les métiers de haute lice ou de tapis de se perfectionner dans l'étude du modèle vivant, de la fleur et de la composition.

Musée des Gobelins.

Dans l'ancienne chapelle a été installé un petit musée de modèles ; on y voit des compositions décoratives anciennes, des esquisses de modèles exécutés à la Manufacture, des reproductions réduites de tapisseries faites à l'aquarelle ; on y a exposé aussi de nombreux dessins de Van der Meulen, représentant les villes de la Flandre ou de la Hollande conquises par Louis XIV : ce sont des études pour les tableaux de Versailles. Plus intéressant encore est le musée formé par un certain nombre de tapisseries rares et de la plus grande valeur : tentures du Mobilier national, pièces acquises par la Manufacture ou offertes par des donateurs. Ces tapisseries sont contenues dans quatre salles ; nommons la *Danse des Nymphes* et le *Triomphe de Minerve*, d'après les cartons de Noël Coypel ; le *Sacrifice d'Abraham* et le *Ravissement d'Élie* (époque de Louis XIII) ; la *Tenture des Indes*, de Desportes, recopiée pendant près d'un siècle ; un des sujets de la suite des *Chasses de Louis XV*, peintes par Oudry ; un panneau reproduisant le tableau du Louvre : *Vénus aux Forges de Vulcain*, par Boucher (cette tapisserie passe pour le chef-d'œuvre de l'atelier des Gobelins au xviiie siècle) ; le panneau double de *Don Quichotte* ;

la scène d'*Aminte et Sylvie*, maintes fois reproduite par les Gobelins ; la portière de *Diane*, d'après Oudry ; les *Éléments* et les *Saisons* de Claude Audran, etc. L'exiguïté des locaux a fait placer jusque dans les ateliers un certain nombre de pièces de premier ordre, comme l'*Entrée de l'Ambassadeur turc aux Tuileries sous la Minorité de Louis XV*, une des œuvres les plus originales qui soient sorties de la Manufacture. D'ailleurs, bien des richesses de cette collection ont disparu lors de l'incendie de 1871.

MANUFACTURE DE SÈVRES

Administrateur : M. BAUMGART

Jusqu'à la fin du XVIII siècle, et bien que depuis longtemps déjà on fabriquât en Hollande de la porcelaine « semblable à celle des Indes », il n'y eut pas en France de fabrique de porcelaine. On se contentait d'importer en grandes quantités soit les porcelaines de Chine, soit celles de Hollande. Ce n'est qu'en 1664 qu'un sieur Claude Réverend sollicite le premier, de Louis XIV, la permission d'installer, près de Paris, une fabrique de porcelaine « de Chine ». La même autorisation fut accordée, en 1673, à Louis Poterat pour une fabrique à Saint-Sever-lès-Rouen, puis, en 1686, à un verrier d'Orléans nommé Perrot, et enfin, en 1695, à un chimiste de Toulon nommé Morin qui installa à Saint-Cloud une fabrique dont il confia la direction à un faïencier nommé Chicaneau.

Cette dernière fabrique seule obtint quelque succès : elle avait pris pour marque un soleil, dans l'espoir de flatter ainsi la vanité du roi ; celui-ci lui témoigna sa reconnaissance en lui octroyant, en 1702, un privilège royal. Mais l'établissement ne jouit pas d'une longue prospérité. Le secret de la fabrication de la porcelaine, qui faisait la seule force de ses directeurs, ne pouvait être gardé longtemps. En 1723, un ouvrier nommé

Siroux quittait la fabrique, emportant ce secret, et s'installait à Chantilly, où il acquit une certaine réputation. Mais à peine allait-il commencer à en recueillir les bénéfices que deux de ses ouvriers, lui faisant à leur tour ce que lui-même avait fait à son patron de Saint-Cloud, désertèrent sa fabrique lorsqu'ils connurent toutes les compositions de pâtes à porcelaine, et s'enfuirent à Vincennes, où ils trouvèrent abri dans une dépendance du château.

Ces deux ouvriers s'appelaient Dubois; l'un était sculpteur, l'autre tourneur. Ensemble ils fabriquèrent quelques pièces qu'ils vendaient en cachette à Paris, et finirent par intéresser à leur cause un puissant personnage, Orry de Fulvy, frère du directeur des bâtiments du roi. Celui-ci leur fit construire des ateliers et obtint pour eux 10 000 livres du roi. Mais les premiers essais des frères Dubois réussirent mal, et un beau jour, les deux ouvriers, craignant la colère de leur protecteur, quittèrent clandestinement Vincennes, abandonnant toute leur installation (*les Manufactures nationales*, par Henry Havard et Marius Vachon).

Orry de Fulvy, découragé et furieux, allait engager des poursuites contre eux, lorsqu'un ancien épicier nommé Gravant, que les Dubois avaient associé à leurs recherches, lui proposa de continuer l'exploitation pour son propre compte. Il accepta et Gravant fit preuve de tant d'habileté, débauchant d'autres ouvriers de Chantilly, imaginant des mélanges ou des procédés nouveaux de fabrication, que le succès couronna ses efforts. En 1745 la manufacture produisait déjà de fort belles pièces, et Orry de Fulvy put constituer pour son développement une société d'exploitation au capital de 90 000 livres. La même année il obtenait un privilège exclusif de fabrication et le roi même prenait sous sa protection la manufacture nouvelle. Il en coûta d'ailleurs assez cher au monarque, car de quelque temps encore l'établissement ne prospéra pas, financièrement du moins; c'est, en 1747, 40 000 livres que le roi dut donner pour combler le déficit, puis 30 000 livres en 1748 et autant en 1749.

Mais grâce à cette ténacité, à cette confiance, et aussi à l'habileté de ses artistes et de ses administrateurs, la manufacture entra enfin dans une voie plus heureuse. En 1753, le succès de ses productions étant définitivement assuré, le roi rendit un arrêt qui constituait une société nouvelle au capital de 300 000 livres, lui-même participant pour un quart aux apports; puis la manufacture, devenue trop étroite, s'installait en 1756 à Sèvres, dans le vieux château de la Diarine, ancienne campagne de Sully, où l'on construisait pour elle fours et ateliers. Enfin, en 1760, Louis XV, violant tous les privilèges anciens, ordonnait que la *Manufacture royale de porcelaines* serait administrée pour son propre compte. Elle avait dès lors le privilège exclusif « de faire et de fabriquer toutes sortes d'ouvrages et pièces de porcelaines peintes ou non peintes, dorées ou non dorées, unies ou de relief, en sculptures, fleurs ou figures ». Les autres fabricants déjà établis conservaient seulement le droit de fabriquer des porcelaines communes et de les peindre « en bleu, façon de Chine seulement » (*les Manufactures nationales*, par H. Havard et M. Vachon).

La Révolution et l'Empire conservèrent la Manufacture de Sèvres qui, à partir de 1800 et jusqu'à 1847, fut dirigée par Brongniart. On y fabriqua pendant ce temps non seulement des porcelaines à pâte tendre et à pâte dure, mais encore des porcelaines à relief biscuit, sans émail, semblables aux faïences biscuit anglaises de Wedgwood, et enfin des œuvres de grandes dimensions, ayant à la fois un intérêt historique et artistique. En 1805, un musée céramique fut adjoint à la Manufacture, on y réunit toutes sortes de productions des terres à faciliter « l'étude technique des poteries, de la fabrication et des manufactures des différents pays ».

A la fin du second Empire, on décida de transporter les ateliers des bâtiments où ils étaient installés depuis 1756, dans des constructions nouvelles élevées à l'extrémité du parc de Saint-Cloud. Depuis quelques années la prospérité de la Manufacture déclinait visiblement; en 1867, elle n'avait fait que piètre figure à l'Exposition; on voulait la réorganiser complètement.

D'où la nécessité d'un déménagement; de là aussi la nomination, en 1872, d'une commission de perfectionnement au point de vue artistique des travaux céramiques, et la création d'un concours annuel pour le « prix de Sèvres » d'une valeur de 2 000 francs.

L'établissement ne tarda pas à se relever. On venait d'y inventer (1871) la formule d'une pâte nouvelle, la *porcelaine nouvelle de Sèvres* qui obtint le plus vif succès. Cette découverte marque l'ouverture d'une ère de prospérité.

Aujourd'hui la Manufacture, dont les bâtiments nouveaux ont été inaugurés le 17 novembre 1876, est placée sous l'autorité directe d'un administrateur, M. Baumgart, qui a sous ses ordres un chef de travaux d'art, un directeur des services techniques, un chef de service de la fabrication et un chimiste chef du service de la décoration et des moufles. Une école d'application de la céramique, qui compte un directeur et plusieurs professeurs, est adjointe à l'établissement, dont le budget annuel est de 624 450 francs.

Le musée annexé à la manufacture renferme une collection des plus complètes (plus de 20 000 pièces anciennes) et des plus remarquables de tous les spécimens de poteries, faïenceries, porcelaines, de tous les âges, de toutes les époques et de tous les pays.

LISTE

DES PRINCIPALES SOCIÉTÉS SCIENTIFIQUES

DE PARIS

Actuaires français (Institut des), 5, rue Las-Cases. — *Président :* P. GUIEYSSE ; *Secrétaire :* L. MARIE.

Agriculture de France (Société nationale d'), 18, rue Bellechasse. — *Président :* LEVASSEUR ; *Secrétaire :* L. PASSY.

Agriculteurs de France (Société des), 8, rue d'Athènes. — *Président :* DE VOGÜÉ ; *Secrétaire :* C. AYLIES.

Alpin Français (Club), 30, rue du Bac. — *Président :* E. CARON ; *Secrétaire :* CHEVILLARD.

Américanistes de Paris (Société des), 41, rue de Lille. — *Président :* Dr LAMY ; *Secrétaire :* FROIDEVAUX.

Ampère (Conférence). — *Président :* LAGARDE DE LARDELUS.

Anatomique de Paris (Société), musée Dupuytren, à l'École pratique. — *Président :* Dr CORNIL ; *Secrétaire :* Dr APERT.

Anthropologie de Paris (Société d'), 15, rue de l'École-de-Médecine. — *Président :* GUYOT ; *Secrétaire :* Dr LETOURNEAU.

Agriculture et de pêche (Société centrale d'), 41, rue de Lille. — *Président :* É. BELLOC ; *Secrétaire :* PÉRARD.

Archéologie (Société française d'), Sorbonne. — *Président :* Comte DE CASTELLANE ; *Secrétaire :* BLANCHET.

Archéologie (Société d'histoire et d' — du XVIIIe arrondissement), mairie du XVIIIe arrondissement. — *Président :* WIGGISHOFF ; *Secrétaire :* DELCOURT.

Archéologique de France (Société littéraire et).

Architectes français (Société centrale des), 8, rue Danton. — *Président :* NORMAND ; *Secrétaire :* POUPINEL.

Architectes de France (Société nationale des), 15, rue de la Cerisaie. — *Président :* FERNOUX ; *Secrétaire :* CHRISTIE.

Astronomique de France (Société), Hôtel des Sociétés savantes. — *Président :* CALLANDREAU ; *Secrétaire :* C. FLAMMARION.

Aviculteurs français (Société des), 41, rue de Lille. — *Président :* comte FÉRY D'ESCLANDS ; *Secrétaire :* WACQUEZ.

Aviculture de France (Société nationale d'), 24, rue des Bernardins. — *Président :* R. BALLU ; *Secrétaire :* TOUREY.

Bibliographique (Société), 5, rue Saint-Simon. — *Président :* DE BEAU-COURT ; *Secrétaire :* comte DE BOURMONT.

Biologie (Société de), 15, rue de l'École-de-Médecine. — *Président :* Dr BOUCHARD ; *Secrétaire :* Dr GLEY.

Botanique de France (Société de), 84, rue de Grenelle. — *Président :* ZEILLER ; *Secrétaire :* MALINVAUD.

Chimique de Paris (Société), 44, rue de Rennes. — *Président :* HAN-RIOT ; *Secrétaire :* BÉHAL.

Chirurgie (Association française de), 81, rue Saint-Lazare. — *Président :* Dr CHAMPIONNIÈRE ; *Secrétaire :* Dr PICQUÉ.

Chirurgie de Paris (Société de), 12, rue de Seine. — *Président :* Dr RICHELOT ; *Secrétaire :* Dr SEGOND.

Coloniales et maritimes (Société des études), 21, rue Condorcet. — *Président :* NICHOTTI ; *Secrétaire :* BARRÉ.

Comptabilité (Société académique de), 66, boulevard Sébastopol. — *Président :* ARTISER ; *Secrétaire :* REYMONDIN.

Dentistes des hôpitaux (Société médicale des), 47, rue Blanche. — *Président :* Dr GAILLARD ; *Secrétaire :* RODIER.

Dermatologie et syphiligraphie (Société française de), hôpital Saint-Louis. — *Président :* Dr BESNIER ; *Secrétaire :* Dr HALLOPEAU.

Économie politique (Société d'), 14, rue Richelieu. — *Président :* LEVASSEUR ; *Secrétaire :* FLEURY.

Électriciens (Société internationale des), 14, rue de Stael. — *Président :* MASCART ; *Secrétaire :* GOSSELIN.

Électrothérapie (Société française d'), 46, avenue Montaigne. — *Président :* D'ARSONVAL ; *Secrétaire :* LABBÉ.

Entomologique de France (Société), hôtel des Sociétés savantes. — *Président :* GIARD ; *Secrétaire :* FRANÇOIS.

Ethnographie (Société d'), 28, rue Mazarine. — *Président :* BOURGEOIS ; *Secrétaire :* PEUVRIER.

Géographie (Société de), 184, boulevard Saint-Germain. — *Président :* N*** ; *Secrétaire :* MONNIER.

Géographie commerciale de Paris (Société de), 8, rue de Tournon. — *Président :* CHEYSSON ; *Secrétaire :* GAUTHIOT.

Géologique de France (Société), 7, rue des Grands-Augustins. — *Président :* DE MARGERIE ; *Secrétaite :* BLAYAC.

Graphologie (Société de), 160, boulevard Saint-Germain. — *Président :* DEPOIN ; *Secrétaire :* MAGRAS.

Habitations à bon marché (Société française des), 15, rue de la Ville-l'Évêque. — *Président :* PICOT ; *Secrétaire :* FLEURY-RAVARIN.

Histoire contemporaine (Société d'), 5, rue Saint-Simon. — *Président :* PIERRE ; *Secrétaire :* MALET.

Histoire diplomatique (Société d'), 5, rue Garancière. — *Président :* DE BROGLIE ; *Secrétaire :* ROTT.

Histoire de France (Société de l'), 60, rue des Francs-Bourgeois. — *Président :* comte DELABORDE ; *Secrétaire :* DE BOISLISLE.

Horticulture de France (Société nationale d'), 84, rue de Grenelle. — *Président :* VIGER ; *Secrétaire :* CHATENAY.

Humanistes français (Société des), Sorbonne. — *Président : * Barboux ; *Secrétaire :* Chatelain.

Hydrologie médicale de Paris (Société d'), 3, rue de l'Abbaye. — *Président :* Dr Senac-Lagrange ; *Secrétaire :* Dr Durand-Fardel.

Hygiène (Société française d'), 30, rue du Dragon. — *Président :* Gréhant ; *Secrétaire :* Moreau.

Hygiène professionnelle (Société de médecine publique et d'), hôtel des Sociétés savantes. — *Président :* Dr Landouzy ; *Secrétaire :* Dr Martin.

Hypnologie et psychologie (Société d'), 14, rue Taitbout. — *Président :* Dr Voisin ; *Secrétaire :* Dr Bérillon.

Ingénieurs et architectes sanitaires de France (Société des), 19, rue Blanche. — *Président :* Huet ; *Secrétaire :* Pucey.

Ingénieurs civils de France (Société des), 19, rue Blanche. — *Président :* Canet ; *Secrétaires :* Jannettaz, Courtois, Soredu, Périssé.

Kinésithérapie (Société de). — *Président :* Dr Championnière ; *Secrétaire :* Dr Mesnard.

Laryngologie, otologie et rhinologie (Société française de), hôtel des Sociétés savantes. — *Président :* Dr Luc ; *Secrétaire :* Dr Joal.

Laryngologie, otologie et rhinologie de Paris (Société de), cité du Buen-Retiro. — *Président :* Dr Lermoyez ; *Secrétaire :* Dr Saint-Hilaire.

Législation comparée (Société de), 44, rue de Rennes. — *Président :* Picot ; *Secrétaire :* Daguin.

Linguistique de Paris (Société de), la Sorbonne. — *Président :* Général Parmentier ; *Secrétaire :* Bréal.

Mathématique de France (Société), 7, rue des Grands-Augustins. — *Président :* Guyou ; *Secrétaire :* Blutel.

Médecine légale de France (Société de), Palais de Justice. — *Président :* Dr Brouardel ; *Secrétaire :* Dr Motet.

Médecine de Paris (Société de), 3, rue de l'Abbaye. — *Président :* Dr Jullien ; *Secrétaire :* Dr Buret.

Médecine et chirurgie pratiques de Paris (Société de), hôtel des Sociétés savantes). — *Président :* Dr Verchère ; *Secrétaire :* Dr Dignac.

Médecine centrale vétérinaire (Société de), 41, rue de Lille. — *Président :* Kaufmann ; *Secrétaire :* Leblanc.

Médecine vétérinaire pratique (Société de), hôtel des Sociétés savantes. — *Président :* Lavedan ; *Secrétaire :* Rossignol.

Médicale du Louvre (Société), mairie du 1er arrondissement. — *Président :* Dr Picqué ; *Secrétaire :* Dr Sebillotte.

Médicale du IIIe arrondissement (Société), mairie. — *Président :* Dr Magnant ; *Secrétaire :* Dr Debierre.

Médicale du IVe arrondissement (Société).

Médicale du Ve arrondissement (Société).

Médicale du VIe arrondissement (Société), mairie. — *Président :* Dr Genestein ; *Secrétaire :* Dr Boissier.

Médicale du VIIe arrondissement (Société), mairie. — *Président :* Dr Richardière ; *Secrétaire :* Dr Tolédano.

Médicale de l'Élysée au VIIIe arrondissement (Société), mairie. — *Président :* Dr L. LABBÉ ; *Secrétaire :* D^r LE PILEUR.

Médicale du IXe arrondissement (Société), mairie. — *Président :* Dr BOISSARD ; *Secrétaire :* Dr OZENNE.

Médicale du Xe arrondissement (Société), mairie. — *Président :* Dr GOUGELET ; *Secrétaire :* Dr MEUSNIER.

Médicale du XIe arrondissement (Société), mairie. — *Président :* Dr TOURANGIN ; *Secrétaire :* Dr HERCK.

Médicale du XIIe arrondissement (Société), mairie. — *Président :* Dr GIBERT.

Médicale du XIIIe arrondissemen (Société), mairie. — *Président :* Dr MIROPOLSKY ; *Secrétaire :* Dr AUVERGNIOT.

Médicale du XIVe arrondissement (Société), mairie. — *Président :* Dr LOYAL ; *Secrétaire :* D^r LE BAYON.

Médicale du XVe arrondissement (Société), mairie. — *Président :* Dr TAPIE ; *Secrétaire :* Dr FACHOTTE.

Médicale du XVIe arrondissement (Société), mairie. — *Président :* Dr MEURIOT ; *Secrétaire :* Dr PIOT.

Médicale du XVIIe arrondissement (Société), mairie. — *Président :* Dr GAUCHER ; *Secrétaire :* Dr DUCOR.

Médicale des hôpitaux (Société), 12, rue de Seine. — *Président :* Dr TROISIER ; *Secrétaire :* Dr RENDU.

Médicale des praticiens (Société), hôtel des Sociétés savantes. — *Président :* Dr BILHAUT ; *Secrétaire :* Dr LAGELOUZE.

Médico-chirurgicale de Paris (Société), 29, chaussée d'Antin, — *Président :* Dr VERCHÈRE ; *Secrétaire :* Dr DESNOS.

Météorologique de France (Société), hôtel des Sociétés savantes. — *Président :* RENOU ; *Secrétaire :* TEISSERENC DE BORT.

Minéralogie (Société française de), Laboratoire de minéralogie de la Sorbonne. — *Président :* WALLERANT ; *Secrétaire :* GAUBERT.

Mycologique de France (Société), 84, rue de Grenelle. — *Président :* DE SEYNES ; *Secrétaire :* PERROT.

Neurologie (Société de), Faculté de médecine. — *Président :* Dr JOFFROY ; *Secrétaire :* Dr MARIE.

Obstétrique de Paris (Société d'), clinique. — *Président :* Dr BUDIN ; *Secrétaire :* D^r BAR.

Obstétrique, gynécologie et pédiatrie (Société d'), hôtel des Sociétés savantes. — *Président :* Dr PINARD ; *Secrétaire :* Dr VARNIER.

Odontologie de Paris (Société d'), 45, rue de la Tour d'Auvergne. — *Président :* LEMERLE ; *Secrétaire :* CHOQUET.

Odontologique de France (Société), 3, rue de l'Abbaye. — *Président :* Dr QUEUDOT ; *Secrétaire :* SIFFRE.

Ophtalmologie (Société française d'), hôtel des Sociétés savantes. — *Secrétaire :* DUBOYS DE LAVIGERIE.

Ophtalmologie de Paris (Société d'), hôtel des Sociétés savantes. — *Président :* Dr BOUCHERON ; *Secrétaire :* WUILLOMENET.

Pharmacie de Paris (Société de), École de pharmacie. — *Président :* N*** ; *Secrétaire :* BARILLÉ.

Philomatique de Paris (Société), 7, rue des Grands-Augustins. — *Président* : FILHOL ; *Secrétaire* : MABILLE.

Photographie (Société française de), 76, rue des Petits-Champs. — *Président* : LIPPMANN ; *Secrétaire* : PECTOR.

Photographiques (Société d'études), 76, rue des Petits-Champs. — *Président* : BALAGNY ; *Secrétaire* : VILLAIN.

Photographiques de France (Union nationale des Sociétés), 76, rue des Petits-Champs. — *Président* : JANSSEN ; *Secrétaire* : PECTOR.

Physique (Société française de), 44, rue de Rennes. — *Président* : général BASSOT ; *Secrétaire* : L. POINCARÉ.

Psychologie physiologique (Société de), hôtel des Sociétés savantes.

Sociologie de Paris (Société de), hôtel des Sociétés savantes. — *Président* : BEAURIN-GRESSIER ; *Secrétaire* : WORMS.

Spéléologie (Société de), 7, rue des Grands-Augustins. — *Président* : FILHOL ; *Secrétaire* : MARTEL.

Statistique de Paris (Société de), hôtel des Sociétés savantes. — *Président* : LEVASSEUR ; *Secrétaire* : FLECHEY.

Thérapeutique de Paris (Société de), Faculté de médecine. — *Président* : Dr HUCHARD ; *Secrétaire* : Dr BLONDEL.

Topographie de France (Société de), 18, rue Visconti. — *Président* : JANSSEN ; *Secrétaire* : DRAPEYRON.

Urologie (Association française d'), Faculté de médecine. — *Président* : Dr GUYON ; *Secrétaire* : Dr DESNOS.

Zoologique de France (Société), 7, rue des Grands-Augustins. — *Président* : DELAGE ; *Secrétaire* : Dr BLANCHARD.

TABLE DES MATIÈRES

Paris. — Typ. Chamerot et Renouard. — 39549.

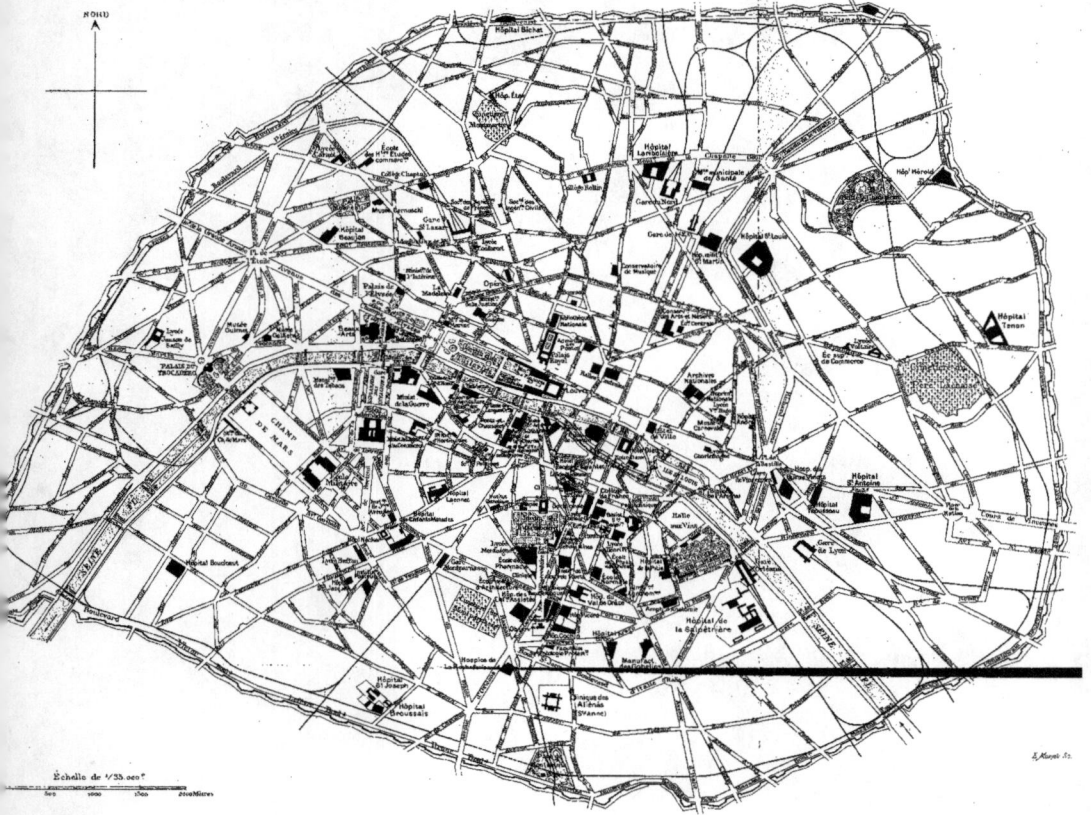

LES ÉTABLISSEMENTS D'ENSEIGNEMENT SUPÉRIEUR À PARIS.

www.ingramcontent.com/pod-product-compliance
Lightning Source LLC
Chambersburg PA
CBHW072018080426
42733CB00010B/1749